学霸小孩养成课2

72个养成好习惯、找到好方法、考出好成绩的学习法则

[日]和田秀树·著
王筱敏·译

中国经济出版社
CHINA ECONOMIC PUBLISHING HOUSE
·北京·

图书在版编目（CIP）数据

学霸小孩养成课. 2/（日）和田秀树著；王筱敏译
. --北京：中国经济出版社，2023. 1
ISBN 978-7-5136-4563-8

Ⅰ. ①学… Ⅱ. ①和… ②王… Ⅲ. ①学习方法-家庭教育 Ⅳ. ①G791 ②G78

中国版本图书馆 CIP 数据核字（2021）第 270399 号

选题策划 崔姜薇
策划编辑 张 博
责任编辑 张 博
责任印制 马小宾
封面设计 任燕飞装帧设计工作室
插画绘制 赵月焱

出版发行 中国经济出版社
印 刷 者 北京富泰印刷有限责任公司
经 销 者 各地新华书店
开 本 880mm×1230mm 1/32
印 张 6. 125
字 数 120 千字
版 次 2023 年 1 月第 1 版
印 次 2023 年 1 月第 1 次
定 价 58. 00 元
广告经营许可证 京西工商广字第 8179 号

中国经济出版社 网址 www. economyph. com 社址 北京市东城区安定门外大街 58 号 邮编 100011
本版图书如存在印装质量问题，请与本社销售中心联系调换（联系电话：010-57512564）

译者序

在第一次拿到这本日文书稿时，我还是个不到一岁婴儿的母亲，引进这本书版权的编辑也是一个婴儿的母亲。我们两个新家长第一次头碰头讨论这本书时，不约而同地对里面的一些论调大加不满，“什么要培养刻苦学习的孩子啊，我们就希望自己的孩子能够轻松快乐地成长，才不会给她什么压力呢。”“孩子学得好不好，我们不会强求，他们开心最重要。”“我才不希望孩子以后变成小书呆子，整天只知道学习。”

我在翻译本书的目录和前言时，还是抱有这样的想法，觉得这本书只适合那些望子成龙、望女成凤的家长看。而当我翻译到一半时，却忍不住打电话给编辑，告诉她这本书居然有一种奇妙的魔力，已经慢慢使我的想法发生了转变。

中国社会和日本社会是很相似的，尤其在学校教育体系方面，孩子都会经历小学入学、小升初、中考、高考。我本人毕业于北外，先学习英语，然后又学习了日语，在日本留学完成了社会学的研究生课程。可能我自己并未留意，但在我的求学过程中，经历了从普通小学、普通中学，再到重点中学、名牌大学，以及海外的名牌大学这样一个过程。我的父母亲是工农兵大学生，他们对于我的学业的监督从不放松。而对于女儿，我不指望她成为学者或科学家，但我也希望她能够受到良好的教育，成为一个智慧聪颖的女性。我对女儿的希望与这本书作者的观点不谋而合，放任孩子去玩，知识是不会自动跑到他们脑子里的，家长需要做的是帮助孩子，减少求学时的困苦，让孩子体会到学习的乐趣，享受学习的过程。

作为母亲，在翻译这本书的时候我受到很多启发，在陪伴引导孩子学习的过程中，这本书中的很多观点和方法是能够起到很大作用的。正如作者所说，我们可以陪伴孩子做功课，从小就帮助孩子养成自主学习的好习惯；我们在看电视闲谈的时候要注意言辞，要在孩子面前多传递正能量；我们要每天和孩子聊聊天，看看她在学校发生了什么事情，有没有受欺负；我们要在孩子追星、打游戏时正确引导他①，让孩子的爱好成为上进的动力；我们要在孩子受到挫折时鼓励他，不让孩子的自信

① 本书在指代男孩或女孩时，为方便读者阅读，没有使用“他/她”的表述形式，而统一使用“他”。

心受到伤害。

原来，作为家长，我不仅要看育儿专家撰写的儿童生理知识类的图书，培养孩子的健康体魄，还需要读亲子教育图书，学习怎样成为一名合格的母亲。

在我的宝宝一岁的时候，我给孩子写了一封信，信里我对孩子说：可能我笨手笨脚粗心大意，宝宝曾摔倒受伤；可能我夜里贪睡照顾不周，宝宝踢了被子着凉发烧。家长很内疚，觉得对不起宝宝。但是请宝宝一定不要怪罪家长，因为我也只当了一年家长，还是一个新手，我在努力学习怎么成为一个合格的家长。所以，宝宝，让我们一起成长吧。我也希望自己能够通过翻译、学习亲子教育图书，成为不仅能保证孩子身体健康茁壮成长，还能端正自己教育孩子的态度，通过学习成为一个能帮助孩子进步的家长。

所以，我也希望看到这本书的家长们，请不要抗拒孩子成为学霸，而是静下心来，看看身兼心理学家和教育家的和田秀树先生是如何帮我们支招，让我们这些迷惘困惑的家长知道该怎么说，怎么做，怎么以身作则，怎么言传身教，怎么让孩子体会到学习的乐趣，怎么引领孩子走上一条勤学上进的道路。让我们学会引导孩子，使他们成为爱学习、会学习、享受学习的人吧。

本书“译者注”中所涉及的资料均引自网络。

王筱敏

作者序

曾经，每个母亲都希望自己有一个爱学习、会学习的孩子，但在当今社会，这种价值观念已被动摇。经常有人在大众媒体上鼓吹这样的观点："比起学习来，为人之道更重要""只要孩子不在学校受欺负就行了""让孩子掌握人际交往的能力比读书更重要"，等等，而认同这些观点的家长也越来越多。

"21 世纪是知识社会。"经济学家彼得·德鲁克如是说。

21 世纪，科技发展日新月异，机器人将被广泛应用，可以完成大量原本由人来做的工作。在这样的时代，知识分子都可能供大于求，不掌握知识的人就更难在社会上生存了。

这种状况是好是坏我也无法判断，但是这样的时代确实到来了。

在日本，大学肄业生或高中毕业生是很难被大公司录用的。企业非常看重人的学历和优秀的素质。因此，随着科技不断进步，国际化影响越来越深入，学习能力强的人的价值就更加显现。

与此同时，不具备学习能力的人，比以前更难在这个社会生存下去了。机器人可以全天24小时不间断运行，可以全年无休，而人力只能保证每天工作8小时左右；机器人不会有加薪的诉求，也不会对搭档的同事有任何意见。即使购买和维修机器人的成本比人力成本稍微高一点，但着眼企业的综合运营成本，用机器人还是要比用人划算得多。

按照这样的状况发展下去，不具备学习能力的人可以选择的工作就非常有限了。他们可能只能选择做看护病人的工作，因为做这种工作不需要具备高学历。而从事普通的体力劳动和在工厂从事生产的人将逐步被机器取代，人想靠卖力气赚钱越来越难了。

可能还有不少家长认为，孩子会不会学习是天生的，而不是后天培养的。

实际上，有很多家长自己上学时常常遭遇考试失败，她们在学习上可能也下过功夫，但是成绩并没有提高，因此垂头丧气，认为后天的努力还是拼不过先天的资质。

其实，初中时我的学习成绩并不好，身边学习好的同学几乎都来自父母具有高学历的家庭。我出生于一个普通家庭，父亲是一所二流私立大学的毕业生，母亲高中毕业。但是，我通过努力学习，逐渐找到了学习的方法。虽然高学历的家长在子女的教育上占优势，但他们的孩子也有可能因为没有掌握正确的学习方法，不明白学习的重要性，而学习成绩较差。

因此，我写了这本书，希望为孩子的学习而苦恼的家长们读完本书后，能够告诉自己的孩子，学习是重要的，提高成绩的学习方法是可以掌握的。

我在这本书中最想表达的是，家长们需要了解，每个孩子都是独立的个体，孩子们的个性和能力存在差异，因此，适合不同孩子的学习方法也有所不同。家长可以做到的是，督促孩子在小学低年级就开始努力，因为在这个阶段，单纯追求好的考试成绩是比较容易的。孩子的考试分数高了，就会更自信。那么，随着年级的升高，孩子的学习成绩会继续名列前茅。

此外，我还依据不同年龄层次的孩子的特点，在本书的最后一章提供了一些有针对性的学习方法，以供参考。

我希望这本书能对提高孩子学习能力有一些帮助，使孩子变得爱学习、会学习。

最后，我想借此机会，对 PHP 出版社的铃木隆先生和加藤贵之先生致以诚挚的谢意，感谢他们为本书的出版发行做出的辛勤工作。

和田秀树

目录

第一章　告诉孩子“为什么学习那么重要”

第二章 培育“会学习的孩子”，家长应该怎么做

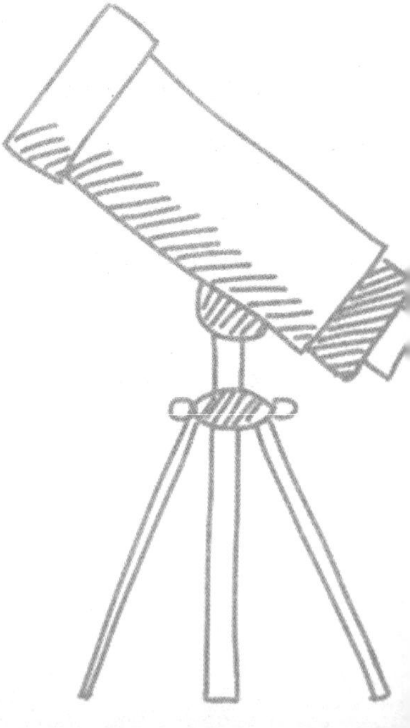

第三章　培育“有梦想的孩子”，家长应该怎么做

第四章　培育"爱学习的孩子"，家长应该怎么做

第五章　培育“有专注力的孩子”，家长应该怎么做

第六章 培育“成绩好的孩子”，家长应该怎么做

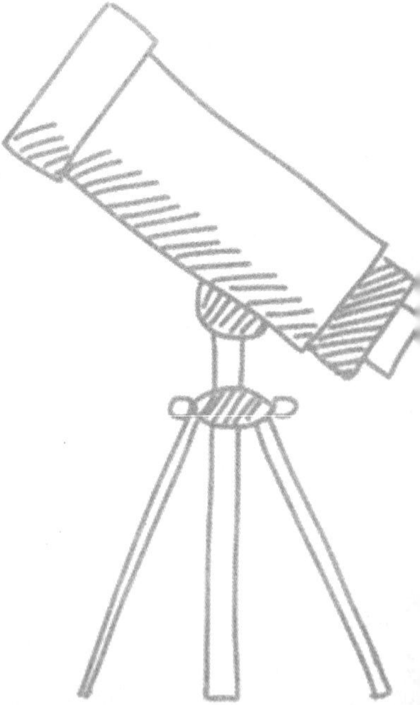

第七章　分阶段培育“学霸小孩”

第一章

告诉孩子『为什么学习那么重要』

“超学历社会”已经到来

无论何时，年轻人要想在社会上立足，就必须要努力奋斗，否则难以安身立命。要知道现在的世界已经进入了“超学历社会”，全世界的孩子们都在努力学习以取得更高的学历。

但是，在日本，社会上却充斥着“学历社会已经终结了”或“光靠学历很难生存”之类的说法。这些论调是与世界的发展趋势背道而驰的。现在，没有高学历就难以生存的时代已经来到，只有拥有高学历的人才能获得好工作，而学历低的人则很难找到工作，导致生活贫困。

美国社会对于阶层差异是很宽容的，即便如此，那些找不到工作的学生们，也认为自己处于被压迫的社会金字塔底层。而日本的现状是很多大学生毕后仍待业在家，靠吃救济度日。

曾几何时，日本大学生一毕业就能顺利找到工作，现在这种情况已经一去不复返了，从名校毕业也很难找到工作的也大有人在。如果能够认清这样的现实，家长们就会更加督促孩子们好好学习了。

孩子在十七八岁的时候参加高考，而在这个年龄阶段，学生的学习水平也基本决定了考试成绩，以及将来的发展潜力。孩子 6 岁到 18 岁为中小学时期，在这 12 年中，孩子要能控制自己，不混日子，努力学习。

家长成就学霸，世界需要学霸。

家长成就学霸，世界需要学霸

在当今世界，大学之间的竞争十分激烈。全球大学排名也经常更新，日本能够挤进全球大学排名前 100 名的只有东京大学、早稻田大学、庆应义塾大学和京都大学。东京大学的排名是第 6 名，早稻田大学排名第 24 名，庆应义塾大学排名第 28 名，京都大学排名较低，仅为第 53 名，也就是说，全世界比东京大学、庆应义塾大学、京都大学优秀的大学还有很多。

东京大学是全日本最好的大学，但它也有危机感，毕竟世界大学排名也不是固定的。东京大学面对的竞争对手是美国的哈佛大学、斯坦福大学，英国的牛津大学等超一流大学。

在 9 月开学季，东京大学也在不断接收外国留学生，并努力为本校学生创造更多的出国留学机会。这种种努力都是东京大学为了提高全球排名的表现。

家长和教育界以往更多关注的是教育减负和提高学习能力等问题。大家普遍认为，这些都只是学习差的孩子的问题，而东京大学的学生个个能力强，肯定没有这样的烦恼。

但是，现在时代已经不同了，日益激烈的国际竞争导致日本的名牌大学也感受到了威胁。东京大学现在也有危机感和紧迫感，以前人们说“上了东京大学就可以安心了”，而现在的家长应该清楚地知道，世界已经进入“超学历社会”了。

有些人认为“考上名校，不一定能获得幸福的生活”，他们的意思是“学历什么的并不重要”。我认为这种说法现在则应该解释为“要想得到幸福，就得有比东京大学更高的学历才行啊”。

全世界的家长都在帮助孩子努力学习

日本内阁在教育振兴会议上提出：今后要争取有 10 个以上的日本大学进入全球名校排名榜，已在榜的排名要有所提升。

全球名校排行榜为什么一经发布就备受关注？因为，无论是美国、欧洲各国，还是亚洲各国，都越发重视学历。企业在录用员工时，也更加看重学历。

超一流的跨国公司在录用员工时往往会“优先录取哈佛、斯坦福毕业生”，或有“优先录取该国名牌大学毕业生”的优秀人才引入机制。

无论在日本国内提倡“要改变以学历取人”的人如何发声，全世界向“超学历社会”发展的脚步却从未停歇。

因此现在考量一所大学的水平，不仅要重视其在国内的位置，更要考虑它在全世界的排名。

在日本，有人把努力学习的孩子叫作“勤学生”，好像努力学习的孩子都是书呆子一样，而家长们一般也不喜欢自家的孩子被人说成“勤学生”。但是，如果我们能够以更加开阔的视野展望全球，就该知道在其他国家，众多的家长和孩子都在“为赚钱谋生而努力学习”，这才是普遍的认识。

教育是回报率最高的投资

在世界各国，人们都看重孩子18岁前漫漫12年的寒窗苦读。一个人在儿童时期获得的学习成果是一生所获知识的基础，也是最扎实的，因此十分重要。

如果一个人从孩提时代就开始坚持努力学习，收获了丰富的知识，掌握了正确的学习方法，他就能考取名牌大学，从而找到一份称心如意的工作，自然而然地进入收入有保障的阶层。

毕业生刚开始工作时薪金水平都差不多，但是不同学历的人，从入职第二年、第三年开始，收入就会从500万日元（约合25万元人民币）、700万日元（约合35万元人民币），甚至1000万日元（约合50万元人民币）而逐渐拉开差距了。

学历不同的人每年的收入会有500万~1000万日元（约合25万~50万元人民币）的差距。如果每个人平均工作40年，再加上福利、退休金等其他收入的差距，这样算起来，全部收入的总额可就不只相差2亿日元（约合1000万元人民币）了。

我常常拿着这个数字，给面临高考的学生讲：“你们现在学习，相当于每学习 1 小时赚 20 万日元（约合 10000 元人民币）！”

“只要你们这一年刻苦学习，就能在之后与其他人的人生总收入有惊人差距！如果每个人平均花 1000 小时学习，那就相当于每个人每学习 1 小时就赚 10000 日元（约合 500 元人民币）！而到麦当劳之类的快餐店去打工，工作很辛苦，时薪不过约 800～1200 日元（约合 50～80 元人民币）。这么比较的话，学习 1 小时就能赚那么多钱，还是学习更轻松、更值得啊！”

高三学生对金钱的概念和成年人是相同的，听了“学习 1 小时就能多赚 20 万日元（约合 10000 元人民币）”这个理论而开始努力学习的孩子可不少呢。虽然说高三冲刺这一年的学习是至关重要的，但是从小学到高中这十几年间坚持不懈地学习才能使学习成绩提高。

从小学五年级到高中三年级，在这 8 年的时间里，如果孩子持之以恒地努力学习，就能比不好好学习的人多赚 2 亿日元（约合 1000 万元人民币），相当于平均每年多赚 2500 万日元（约合 130 万元人民币）。这样算来，学习真是高回报的“买卖”。

如果“在家埋头苦读的学生”的“年收入”为 2500 万日元，说不定比爸爸妈妈赚得还多啊。当然，赚来的钱可要算到孩子头上，当然还有辅导孩子学习的家长头上才对。这么划算的“买卖”，恐怕没有人会不做吧。所以，爸爸妈妈携起手来，帮助孩子一起好好学习吧。

另外，既然有每年 2500 万日元（约合 130 万元人民币）的回报，那么爸爸妈妈即使要节衣缩食，也要把钱花在孩子的教育基金上。**教育才是世界上回报率最高的投资！**

不要被“名校毕业生遭裁员”的新闻误导

如今即使从重点大学毕业、在知名企业里工作的员工，也有可能面临下岗失业的风险。我们在电视里、报纸上经常能看到所谓“名校毕业生遭裁员”这样的报道，真是让人觉得又奇怪又可笑。

有的孩子看到这样的报道，可能会想“连名校毕业生都失业了，那我还学习什么呀”，因此认为学历根本一文不值。

要知道“名校毕业生被裁员”这样的事能上新闻，正是因为这实在是少之又少的稀罕事。换句话说，如果是某高中毕业生工作后失业了，那就太普遍了，没有上新闻的价值。

简而言之，高中学历或三流大学的毕业生面临的裁员压力更大，而名校毕业生在面临公司人员调整时则会相对稳定。究其原因，我们处于学历改变命运的时代。

可以说，即使一个名校毕业生被裁员了，他也会很快另谋高就。比如当日本兴业银行、富士银行、第一劝业银行等多家金融机构合并重组为日本瑞穗实业银行时，就有很多名校毕业的业界精英都被辞退了。那么这些被辞退的人后来去哪里工作了呢？他们或被其他银行聘为高管，或在大型企业里重新就职，都得以继续成就自己的事业，东山再起。

名校毕业生大多有一技在身，即使被解雇也很容易找到其他好工作。虽然跨国企业有时会进行人员调整，解雇一批人以降低人力成本，但是名校毕业生可以凭借自己一身的好本领，很快被中小型企业所录用。

跨国企业的老总深知，东京大学是日本的一流大学，东京大学里人才济济，而企业正急需这样的高素质人才。他们甚至愿意付高薪，以高于日企两三倍的薪资来吸引高素质高学历人才。因此，**这是连名校生也会面临解雇风险的时代，也是名校生能够立刻再就业的时代。**

如果父母亲和孩子一起看电视时，看到“名校毕业生被辞退了”这样的新闻，家长可以趁机给孩子好好解释说：“看起来即使是名校毕业生也有可能被公司解雇啊，但是因为名校生都聪明过人、学历出众，他们很快就能再找到工作的，有时候说不定还能找到更好的工作呢!”

让孩子知道贫困的生活多么难过

小时候，我常常听母亲这样说：“你要是不好好学习，就过不上好日子，没钱的日子可不好过啊！”因此，我也常常会想到“我可不想过没钱的苦日子”，于是便埋头苦学。

其实，我的母亲从小生活富足，后来家庭败落，开始过穷日子。我的外公因家境富裕，曾在东京艺术大学上学，他很有艺术修养和气质。但可惜艺术不能当饭吃，所以他后来又学了厨师，转行在军营炊事班里谋生。

随着第二次世界大战后军队解散，我的外公失业了。那时候全家无以为生，过着贫困的生活。我的母亲后来在艰苦的环境里长大，她过穷日子过怕了。

其实，不仅我外公一家过着这样的生活，第二次世界大战后大多数的人都因无业而饥寒交迫。母亲告诉我，那时候大部分普通百姓度日艰难，但拥有高学历的人却能够通过找到工作而让全家衣食无忧。

虽然母亲是想激励我好好读书，所以说的话有些夸张的成分，但是在经历过因学历不同而境遇天壤之别的生活之后，母亲切身地体会到了学历的重要性。

让孩子了解人与人之间存在差异

在日本经济逐渐恢复的时期，即使学历不高的人也能找到体面的差事，赚取工资养活全家。也就是从此之后，人们对学历越来越不重视了。大家发现高中毕业生也能进入一流企业赚取高薪，拥有高学历的人没之前那么有优势了。

但是，从20世纪90年代开始，情况又发生了变化。人们忽然发现，即使在一流企业里任职，也有可能面临公司人员精简而失去工作的风险。终身雇佣制结束了，人们找份工作就能一直做到退休的时代结束了，工作的稳定性无法得到保障了。

近年来，大学毕业生一直面临找工作难的困境，现在有很多大学生在毕业后很难找到一份劳动合同稳定的工作，导致很多年轻人消极度日，整天在网吧里消磨时光。跟二三十年前相比，现在谋生变得更加辛苦了。

造成阶层差异其实有很多原因，但有一个很重要的因素就是个人的能力差异。简单地说，如果一个人的能力不够强，就找不到一份好工作。**如果一个人平时做事懈怠，那么他和那些**

在点滴小事上都非常努力的人，就会逐渐拉开差距。这样的道理家长们应该跟孩子讲清楚，让孩子具备一定的危机感，学习时就会更有动力。

另外，家长也可以把那些贫困潦倒的人的生活状况讲给孩子听。比如那些一毕业就待业，成天浪迹网吧的“网吧难民”，“他们待业在家，没经济来源，只能混网吧，有病也没钱去医院，想结婚生孩子更是难上加难！”

但是，家长要记住，说这些话的目的只是为了告诉孩子，“不好好读书就可能面对的困难”，而不能让孩子们对待业人员和流浪汉产生歧视或想去欺负的念头，这一点要特别注意。

家长可以给孩子这样的忠告：“要是过上那样的生活就太辛苦了。现在这个时代，说不准哪天谁就会流落街头。所以，我们可不能笑话他们，不然我们自己说不定哪天也会被人取笑了！”

让孩子知道好好学习和理想生活的关系

有人说，“好好读书就能过上好日子。”这种说法没错，因为从概率讲，好好学习的孩子能够过上好日子的概率会高一些。

孩子们小时候往往梦想成为医生、律师、宇航员、新闻主播、演员或运动员，而好好学习的孩子将来选择职业的空间较大。仔细想想，孩子们如何能够实现梦想，当然首先是要好好学习了。

如果孩子想当医生，那么他首先要学习医科专业，没有专业知识，任何人都是当不成医生的。所以，看一个人能不能成为医生，差不多在 18 岁高考的时候就已经决定了。另外，如果孩子在大学选读了医科专业，还是可以转行的。比如，日本第一位女性宇航员、首位两度登上太空的日本宇航员向井千秋，就毕业于庆应义塾大学医学系。古川聪也是先当医生而后转行做的宇航员，他在荣光学园学习时期受当医生的叔叔的影响，立志学医，后来升入东京大学医学院，致力于消化系统外科临床及相关研究。某一天，在和孩子观看宇航员招募影片时，他的内心中产生了对宇宙的热情。2011 年 6 月 8 日，古川聪乘

“联盟号”载人飞船执行国际空间站（ISS）任务，连续滞留太空 167 天，创造了日本人滞留太空最长时间的新纪录。

因此，好好学习的孩子，就有可能上名校，读医科，那么他们想成为医生或宇航员的梦想就有可能实现。现在，很多新闻主播、演员也都是从名校毕业的。

反之，不好好学习的孩子，就无论如何也当不成医生或宇航员。如果一个人连大学入学考试都没通过，那么他在十八九岁的年纪就不得不放弃自己儿时的梦想了。想成为新闻主播的孩子看电视时可以发现，现在各大电视台几乎没有低学历的新闻主播。他要知道，如果考不上一个好大学，就从事不了他梦想的主播行业。可以说，不好好学习的孩子，将来职业选择的空间非常有限。

为什么人与人有那么大的差距？很大程度是因为有些人实现了自己的梦想，而有些人却没有。好好学习的孩子，即使将来当不上宇航员或新闻主播，他也可以去从事其他职业。但是不好好学习的孩子，选择其他职业的可能性就比较小了。如果一个孩子梦想当足球运动员，可他每天却只顾在操场上踢球，而放弃了学习，那他成为职业足球运动员的风险也很大。可以说，学习使孩子职业选择的范围扩大了。**一个人的学习能力越强，学历越高，他将来选择职业时的自由度也就越大。**

一个人如果希望实现自己儿时的梦想，从而获得幸福，就要拥有职业选择权。所以，好好学习的孩子能够获得幸福的概率更大。从概率的角度来说，学习算得上是一项非常划算的投资。

第二章

培育『会学习的孩子』，家长应该怎么做

要善于帮助孩子了解考试方法

有些家长能从成功者的学习方法中汲取经验，从而培养出“会学习的孩子”。**如果家长能将成功者的学习方法进行总结，并善于运用，那么孩子就更有可能获得成功。**有智慧的家长可以向考取名校的人取经，了解他们是如何在高考中获得高分的。

名校毕业生深知“考取名校是有一定方法的，而掌握这些方法非常有助于通过考试”，恐怕没几个人会自以为是地认为：“我可以完全不听别人的经验，全靠自己埋头学习，就能考上名校。”

在考取名校的新生中，有的是天资聪慧的奇才，他们大多来自默默无闻的普通中学，在这些学校里，能够考取名校的学生凤毛麟角。这些学生无从借鉴、无从参考，更没有办法从老师或学长那里学到应试方法，只能靠自己每天起早贪黑，勤学苦练，下苦功夫，才最终考取了名校。

而对于另一类新生来说，与其说他们是凭自己的聪明才智考上名校，不如说是因为他们掌握了考取名校的方法，而最终获得成功的。

要积极帮助孩子掌握考取名校的方法

我曾经写过一本非常畅销的书，书名为《考试的要领》，这是一部考取名校的“秘籍”。我也因此收到了很多来自名校在校生的反馈，他们告诉我：“我是因为读了这本书而考上名校的！”而我那本书里到底写了什么呢？实际上，全书讲的都是名校学生的考试成功秘诀。

考生们一旦有了这本“秘籍”，就能开始“修炼”了。很多高中生因为读了我的这本书而考取了重点大学。换句话说，因为有了“秘籍”，考生考取名校就如同探囊取物，变得容易了。

我相信，**从初一到高三的6年中，只要运用了正确的学习方法，坚持刻苦学习，每个人都有可能考取重点大学**。成绩差不是大脑的问题，而是方法的问题。

喜欢运动的人都知道，要想提升运动能力，只靠自己埋头苦练是不行的，需要向高手请教。经过高手一番指点后，就连运动神经不发达的人也能取得很大进步。

其实，在这个世界上，每个领域的每种工作基本都是这个道理。一个人如果想成为某领域的成功者，那么最快的捷径就是加入成功者的队伍，向成功者请教。

这个道理同样适用于生意场上的成功商人。商人会经常向其他企业“取经”。各企业的精英高管互相“偷艺”也是很常见的。因为他们深刻明白，成功是可以复制的，同样的秘籍可以一而再、再而三地取得成功。

当然了，要是拿学习和复杂的生意场比起来，学习的秘籍要简单得多了。

如果向名校学生咨询：要怎样做才能考取名校呢？可能你会听到大致相似的回答。和生意场上必须盈利不同的是，学生想要考试合格只需要解答试卷，而解答试卷是有一定方法的。了解了这些应试方法，顺利地答题，通过考试而考取名校就不是遥不可及的梦想。

如果家长能够明白这个道理，就能帮助孩子获得考试的秘籍，大大提高孩子考取名校的概率。请参考这本书，快快去获取秘籍吧。

要给孩子营造读书学习的家庭氛围

有的孩子出生在医生世家或律师世家，他们常会这么说："我的家里，父亲和兄弟姐妹都是医生，只有我不是。""我全家人都是律师，只有我不是。"

听到这样的话，恐怕很多人会问："这是为什么呢？为什么在这样优秀的家庭里长大，最后却没有顺理成章地成为医生或律师呢？"

可是如果反过来想，除了这个人，这个家庭中的其他人都是医生或律师的话，差不多占全家人数的七八成了。这么算起来，也是相当高的比例了。

为什么在这个家庭里，家庭成员成为医生或律师的比例那么高呢？

可能有些人会说"是不是因为这个家庭有优秀的基因呢"，但是，如果一个人不努力学习，整日浑浑噩噩，那么无论他的基因多么优秀，他也无法成为医生或律师。

全家人都是医生或律师的家庭，恐怕很大程度要归结为

“家庭的氛围”。在勤学好问的氛围中，孩子自然而然就变得爱学习，很难变得贪玩。

如果在一个家庭中，每个人都在认真读书，就会自然而然地让孩子有一种“一定要学习”的感受。在全家人都在凝神静心的读书气氛中，孩子很难产生要自己玩电子游戏的冲动，尤其玩电子游戏就是要与人一争高下才有意思，而全家在这样的读书气氛中，没人理会电子游戏，也没人关心输赢，孩子自然而然就会觉得一个人玩起来也没意思了。

当家里其他人都在用功读书时，孩子就会产生“我可不能打扰大家，我哪怕是捧本图画书，装装样子也得读点书啊”的感觉。在不知不觉中，孩子就会融入家庭读书氛围中。

这样一来，你的孩子虽然不是那么喜欢学习，但在不知不觉中就在捧着书读了，而学习也就成了他的一个习惯。**当学习成了习惯，孩子的学习量就会增加，学习成绩就会提高，水到渠成地考取名校。**

但是，如果你的家庭并不是医生世家或律师世家，而只是普通的工薪家庭的话，该怎么办呢？这个时候就要靠家长来创造学习的氛围了，好环境是一定有助于孩子学习的。

比方说，爸爸妈妈在家时总拿本书来读，这样孩子就会看到父母很爱读书，也总在读书。此外，家长也可以时不时地给孩子提到“能读名校很不错啊”“当医生救死扶伤很伟大啊”这样的话题，在潜移默化中，为孩子创造出一个不亚于医生世家或律师世家的良好环境。

在勤学好问的氛围中，孩子自然而然就

变得爱学习，很难变得贪玩。

要逐步给孩子压力，以锻炼其抗压能力

我们常常能听到有人说，“不能给孩子压力！”请各位家长试想一下，如果真的给孩子一个完全没有压力的真空环境，孩子还能够成长吗？家长把孩子放在温室里悉心呵护，不经受磨炼，不经历风雨，这样做真的是爱孩子吗？真的是对孩子负责吗？实际上，当孩子有了“我要上名校”的压力后，他考取名校的概率会更高。

当孩子长大成人走向社会，在工作中他会面临来自各个方面的压力。他不仅要顶住压力，还要做出一番成绩，才能不辜负这份工作。特别是当一个人的职位越高、权力越大时，他所要承担的责任也就越大，所要承受的压力也会更大。在顶住重重压力的同时，他还必须发挥自己的力量。比如，医生从事救死扶伤的工作，时刻要对患者的生命安危负责。

家长在孩子还小的时候，从微小之处逐步给孩子一定的压力，这样就能锻炼孩子的抗压能力。当孩子顶住了这些压力后走向社会，他才不会被一时的挫折所打倒。

当然，家长不能一下子就给孩子施以重压，而要从点滴小事做起，逐渐给孩子压力，才能起到锻炼孩子抗压能力的目的；也不能给孩子过分的打击，说出“你要是考不上名校，就别回家了”这样伤人的话，而应该从积极的方面说“你要是再努力一点，就能考上名校啦，好好学习吧”。

另外，**在给孩子压力的同时，家长还要给孩子的耐心细致的帮助，帮助孩子改进学习的方法。**如果家长只负责给孩子压力，剩下的全靠孩子自己干，那么孩子的负担就太重了。让孩子意识到，“家长也那么努力地帮我，我更要好好学习啦！”

要将良好的学习习惯传承给孩子

我的父亲并非名校毕业的医生或律师，而只是一个普普通通的公司职员，我的父母都不懂得如何帮助孩子好好学习。因此，我上初中一年级的时候，就出了这么一个状况。

那时候我的课后班老师总是念叨：“只要你们能考上好中学，就能顺利上名校啦！”被他耳提面命那么多年，我和母亲都深信他的这种说法。所以，当我考上了一所重点中学时，我就想着“这不好啦，可以放心啦”。然后，我就真的开始放松下来，不好好学习了。当时我的母亲倒不在意我这么混日子，可能是因为从小学开始她就从不放松地督促我学习，母亲可能也觉得孩子怪可怜的吧。所以，我们母子二人都觉得“都上了这么好的中学了，肯定能考上名牌大学啦”。

但是，世上哪有那么容易的事。要知道即使在重点中学，也只有一半左右的学生能考上重点大学，而成绩位居中下游的学生只能上二流大学。想不好好学习就上重点大学，哪有如此美事！

我考上重点中学时，排名高居全校第5名。但是，一上中学我就放松了，结果成绩一落千丈。在初中一年级的期末考试中，我在全年级170人里排名第120名。因为初一到初三的课程是连贯的，我初一的成绩落后了，之后想赶上就不容易了。

如果当时有人能给我忠告："初一的课程也很重要啊，你不能一考上重点中学就对自己放松要求!"也许，我就不会那样混日子了。

当时我同学的家长有的是医生，有的是教师。这些同学的家长告诫他们："绝不是只要上了重点中学，就一定能进重点大学。要想考取重点大学，从初中开始，你就要努力啦!"因此，他们从初一就开始努力学习了。

家长应该从考试成功者身上吸取经验，学习他们的思维方式，并把这些经验传授给孩子。**当孩子改变了思维方式，他的学习成绩也会随之有大幅提高。**

让孩子知道，父母因为爱你才希望你好好学习

在这个世界上，有一种人头脑聪明但性格不好，被称为“坏脾气的天才”。为什么有人会成为“坏脾气的天才”呢？我想大概是因为这个人从小时候起，就没有得到过父母无条件的爱。

比如，**当孩子考试成绩较差时，家长就恶言相对；反之，当孩子成绩优异时，家长就温柔和蔼。这就不是无条件的爱，而是有条件的爱。**家长把“能不能考出好成绩”作为条件，来判断是否去爱孩子。这样一来，家长一手造成孩子孤僻的性格，就不足为奇了。在这样的家庭环境中，孩子会错误地认为学习是自己唯一的存在价值。他们觉得学习不好的人都是傻瓜，同时为自己成绩好而扬扬得意。最终，家长把孩子塑造成了一个“坏脾气的天才”。

其实，用同样的方式也能塑造出“坏脾气的美人”。比如，一个家里有姐妹俩，小时候姐姐容貌出众，妹妹略为逊色，母亲只对美貌的姐姐关怀有加，而忽略了妹妹。到了读中学时，

十几岁的妹妹忽然迅速成长，出落得亭亭玉立，美丽动人，邻居们纷纷夸奖她：“妹妹真漂亮啊！”“快让妹妹当演员吧！”母亲在众人的交口称赞中欢欣鼓舞，忽然转变态度，开始对妹妹悉心照顾。如此一来，失宠的姐姐对母亲逐渐失去信任，而妹妹因为渴望母亲的关爱，对自己的容貌更加在意。从她的价值观来看，她会认为“人还是得看外表”，而因此厌恶长相丑陋的人。这样的妹妹就是母亲亲手塑造出来的“坏脾气的美人”。

如果孩子感觉到父母的爱是有条件的，这可能对孩子的性格塑造产生影响。因此，家长要给予孩子的不是有条件的爱，而是无条件的爱。

家长要让孩子知道，“正因为我很爱你，所以我希望你将来能过得幸福。而要想幸福，你现在就要好好学习。”**家长并不是因为孩子学习好才爱孩子的，而是因为爱孩子，所以希望孩子好好学习。**

家长千万不要让孩子认为：“我要是不好好学习，爸妈就不喜欢我了。我是因为害怕爸妈不爱我，才好好学习的。”而要引导孩子充满正能量，让孩子知道：“爸妈很爱我，我也很爱爸妈。我要是好好学习的话，爸妈会很高兴，所以我要更努力啊。”

以前，有很多孩子为了父母一展欢颜而努力学习，他们抱有这样的想法：“虽然我们家里穷，但只要我刻苦用功，好好争气，就能找到好工作。等我出人头地，就能为父母争光。”

现在，孩子们依旧为了让父母感到骄傲，而更加努力地实现考取名校的梦想。有很多考取名校的孩子告诉我：“我努力学习，就是希望看到父母亲欣慰的笑脸。”在名牌大学的开学典礼上，每一位学生家长都会骄傲地出席，为孩子庆祝。

根据孩子的特点来确定培育方式及目标

幼年时，爱迪生因为有阅读障碍而不能自主阅读，爱迪生的母亲没有对此忧心忡忡，她认为“孩子既然不喜欢读书，就不用硬读书了”。她采取的方法是读书给孩子听，并持之以恒，一直到他的高中时代。据说，爱迪生成人之后还特地聘请了秘书，专门为他阅读图书和信件。正是因为爱迪生的母亲坚持不懈地为他读书，才让他养成了良好的阅读习惯。

当普通家长面对孩子患有阅读障碍症的问题，恐怕会非常焦虑，一边批评孩子“你怎么不能读书啊”，一边塞给孩子各种各样的书，“你读这本书试试看吧”“你再读读这本书呀”。耐不住性子的妈妈可能还会生气地发火：“你怎么连这么简单的字都不会读啊！”这样的责骂会深深地伤害孩子的自尊心，孩子的自信会在责骂声中一点一点被磨灭。

爱迪生还有注意缺陷与多动障碍，俗称“多动症”，是一种在儿童期很常见的精神失调，又称“过度活跃症”。爱迪生的母亲在养育这样一个不能自主阅读、听力有缺陷，还患有多动症的孩子时，将这些问题视作“孩子的特性”。她根据孩子的特殊情况，以自己的方式来帮助孩子。

所以，**要想培养出优秀孩子，家长协助孩子学习成功者的经验固然重要，但更重要的是，家长要根据孩子的特点来确定培养孩子的方式。**

第三章

培育『有梦想的孩子』，家长应该怎么做

鼓励孩子追逐梦想

不同的孩子拥有不同的梦想，这源于他们的成长经历，以及父母的说法和做法，孩子越小越容易受到家长的影响。孩子到过哪些地方，看过什么样的电视节目，从父母那里听到过什么样的观点，都会影响孩子梦想的形成，而梦想则会影响学习的积极性。

俗话说，“三岁看大，七岁看老”，就是说一个人孩提时代所形成的观点，会持续影响他的一生。**从孩子小时候起，家长在日常生活中的正确引导，对孩子梦想的形成、学习能力的提升，以及将来的职业选择，会产生很大影响。**

比如，家长如果想让孩子对“需要靠学习而从事的职业”产生兴趣，带孩子去医院看病的时候，可以对孩子说“医生治病救人，多了不起啊”，从而让孩子向往成为医生，“我可得好好用功啦，将来也成为了不起的医生”“只要好好学习，我也能成为优秀的医生”。

而当家长对孩子说，“那个人头脑聪明，真了不起”“学习好的孩子很棒啊”，孩子就会向往成为聪明的人。所以，家长不妨经常和孩子聊聊这些话题，尽可能地影响孩子。

孩子的未来充满无限可能，比如，很多孩子既对足球运动员感兴趣，又很崇拜医生。所以，**家长不要贬低某个职业，而打破孩子的梦想。家长首先要做的应该是帮助孩子怀揣梦想。**

对于妈妈来说，要是自己的孩子梦想成为医生或律师，那该多好。

引导孩子将自己的梦想与学习结合起来，

使孩子能够自觉自愿地去上学。

要引导孩子将梦想与学习联系起来

但是，孩子的梦想可不是那么容易形成的，而且孩子所向往的职业往往与家长的想法并不相同。比如，孩子们总是对运动员、演员，特别对喜剧演员更感兴趣。总之，谁在电视里常常露脸，孩子就对谁感兴趣。但其实孩子的兴趣点总是忽东忽西的，想改变其实也不难。

一个孩子可能一开始崇拜运动员，但他的兴趣点会不断变化，一会儿说：“我想当医生，治病救人！”一会儿又说：“我想成为企业家，打造大企业！”一会儿又突发奇想：“我想成为宇航员，进入太空！”

首先，**家长要重视孩子当下的梦想，然后想办法将这个梦想与学习结合起来，使孩子能够自觉自愿地为实现梦想而学习。**

如果孩子特别向往成为一名足球运动员，那么家长就要让孩子知道，要成为一名足球运动员，只有通过不断地练习，才能具备出众的运动能力；那些国家级运动员都是从点滴小事就努力坚持不懈，最终才脱颖而出取得成功。

“一个人如果不努力，就不会成功!”这个道理适用于运动，也同样适用于学习。**家长一定要引导孩子认识到努力的重要性**。

另外，家长还应该教导孩子认识到，要想成为一流的专业运动员，不仅仅运动能力好就可以了，**无论从事任何体育运动项目，运动员都必须拥有精准的判断力**。

对于足球运动员来说，他们要在赛场上通晓全局，在奔跑中随时分辨队友和对手的位置；要在高强度的身体对抗中施展技术，并与队友配合；要迅速精确地瞄准空档，判断出脚的角度与时机。所以，一个人不仅仅凭借优良的身体素质和运动能力就可以成为职业运动员，而更重要的是要有精准的判断力。

家长可以对向往成为运动员的孩子说：“你要是想成为职业运动员，就得刻苦训练。但是，如果你要想拿冠军奖牌，还得靠脑子才能取胜。那些一流的运动健将可不只是四肢发达、头脑简单的。想当冠军，你还要刻苦学习，练就聪明的大脑!”

让孩子知道，好好学习是未来从事任何职业的基础

如果孩子崇拜某位高学历的喜剧演员，家长可以跟孩子说：“那个演员毕业于名牌大学，他一定很爱学习。你要是不努力学习，就不可能成为那么优秀的演员！”还可以告诉孩子，有很多看起来“傻乎乎”的喜剧演员，实际是按照导演的剧本来对角色进行演绎的，同时自己要潜心琢磨，研究如何制造笑料，如何抓住观众的笑点，如何抖包袱最有效果。

实际上，现在的演员也日趋高学历化，大多毕业于一流的艺术院校，所以现在有个新名词叫“高知演员”，如果头脑不够聪明，知识不够丰富，是当不成演员的。

家长在陪孩子看电视节目时，看到一些演员的访谈十分出彩时，不妨抓住时机，对其优秀之处大加赞扬：“这个人太聪明了，讲得真好！”

众所周知，现在知名人士演讲时不再是一本正经地照本宣科了。在演讲中适量增加幽默的成分，引得众人一笑，会使演讲的效果更好。而如何能够恰如其分地做出幽默的表达，正是一个人智慧的体现。

想成为优秀的职业运动员，只凭借优秀的运动能力是不够的，还要通过学习练就聪明的大脑。

不要贬低某个职业，而打破孩子的梦想

如果孩子很喜欢歌手，家长在发现孩子有“偶像崇拜”的倾向时，不要过于担忧，不妨这样跟孩子说：“这些女孩子都很漂亮、很可爱、很有才华啊！”当听到自己的家长说出这样的话时，孩子的想法很有可能受到影响，有些孩子甚至会嫉妒自己的偶像得到了自己家长的赞美。

这时，家长要借机找出孩子胜于偶像的闪光点，让孩子觉得比起他们，自己也有优点。比如，家长可以夸奖孩子说：“这些歌手可不如我女儿学习好啊！”孩子听到后一定会很高兴的，很可能因此更有学习的动力，充满自信了。

如果家长们很担心孩子因为沉迷“追星”而荒废学业，而不断诋毁他们，很可能会造成相反的效果。

在我小时候，著名漫画家手冢治虫的漫画书《怪医秦博士》风靡于世，小孩子几乎人手一册。因为书中的主人公秦博士是位医术高超的外科医生，因此很多孩子因为看了《怪医秦博士》，对医生产生了崇拜心理，从而走上了从医之路。

我在和一些知名外科医生聊天时也发现，《怪医秦博士》这本漫画书对他们有着深远的影响，如今已五十多岁、谨言慎行的名医们，只要聊到“怪医秦博士”这个话题，都会神采飞扬，流露出一种少年般的激动之情，一下子就打开了话匣子。

可见，少年时代看过的漫画书，对一个孩子的人生观、价值观的形成，甚至对他的整个人生都会产生深远的影响。因此，父母们要注意，让孩子读什么书，看什么电视节目，都会深远地影响他的价值观。

《怪医秦博士》这本书之所以风靡于世，让人爱不释手，在于其故事情节跌宕起伏，人物情感细腻真挚。在这本漫画书中，主人公常常会为一些绝症患者进行治疗，当读者们读到那些已无药可医的患者得到秦博士的诊治后，通过一次艰难的手术而奇迹般地死而复生时，都会非常的感动。

这套 40 年前创作的漫画作品流行至今，书店仍在销售《怪医秦博士》漫画书和 DVD，电视台也会时不时重播由这套漫画书改编的动画片，建议家长们和孩子坐下来共赏这部优秀的动画片。

近年来，医院题材的电视剧有很多，家长可以和孩子一起看看这些描写医生生活、医院题材的电视剧。当然，有些电视剧主要讲的是医生之间复杂的人际关系的，这些情节孩子理解起来有些困难，建议家长们选择那些主要讲述医生救死扶伤故事的电视剧，和孩子一起观看。孩子看完电视剧，认为“当医生真了不起”，家长也就实现了教育的目的。

给孩子看优秀励志的漫画书

在我小时候，著名漫画家手冢治虫[13]的《怪医秦博士》风靡于世，小孩子几乎人手一册。有不少人因为看了《怪医秦博士》这本漫画而对医生产生兴趣，从而走上从医之道。

现在日本五十多岁的医生里，有不少人是因为小时候读了《怪医秦博士》而崇拜医生，从而从事医生这个职业的。因为书中的主人公秦博士是位医术高明的外科医生，所以在外科医生中，受到这本漫画书影响的人更多。

我在和一些日本知名的外科医生聊天时也发现，《怪医秦博士》这本书对他们很多人都有深远的影响。我发现那些五十多岁，严肃慎言、惜字如金的名医大家，只要聊到怪医秦博士这个话题，就会神采飞扬，流露出一种少年般激动的神情，一下子就打开了话匣子。

我想这是因为少年时期所读的漫画书，会对一个孩子的人生观、价值观的形成，甚至对他的整个人生都会产生深远的影响。妈妈也要注意，让孩子读什么书，看什么电视节目，都会影响到他的价值观。

《怪医秦博士》这本书之所以风靡于世，让人爱不释手，在于其故事情节跌宕起伏，人物的情感细腻真挚。在这本漫画书中，主人公常常会治疗一些绝症患者。当读者读到那些已无药可医的患者得到秦博士的救助后，通过一次艰难的手术而奇迹般的死而复生时，就会非常的感动。

这部 40 年前创作的漫画一直流行至今，现在的有线电视台仍会时不时播放由该漫画改编的动画片，书店里也仍会销售《怪医秦博士》的漫画和 DVD。我想，妈妈不妨同孩子一起，坐下来观赏这部优秀的动画片。

新近的电视节目中，反映医院题材的电视剧也有很多。妈妈也可以和孩子一起来看看这些描写医生生活、医院题材的电视剧。但也有些电视剧重点是描写医生之间复杂的人际关系，这些情节孩子理解起来很困难，所以我建议妈妈选择一些单纯明快的，描写医生救死扶伤的电视剧来和孩子一起看。

请妈妈们为了培养孩子对医生的向往，给孩子选择一些好的电视剧来看吧。如果孩子看了电视剧认识到“当医生真了不起啊！”也就足够了！

让孩子梦想成为一个优秀的人

每个孩子都对未来充满梦想，而要实现这个梦想，家长就要让孩子知道学习是实现梦想的必经之路。

家长可以多和孩子聊一聊未来的愿望，在帮助孩子立志时，引用伟人的名言，让孩子们多读名人传记，了解他们如何通过学习成为一个能为世界做出贡献的人。

如果孩子说：“我长大要当宇航员！”家长不妨也给孩子讲一讲诺贝尔奖获奖者的事迹。

对于喜欢计算机的孩子，家长可以把比尔·盖茨的故事讲给孩子听：“比尔·盖茨在大学入学考试中数学考了满分，考上了哈佛大学，毕业后创造出了全世界人都在使用的 Windows 系统。”“你要是喜欢计算机，就要好好学习数学，因为数学在计算机领域很重要啊！”

请等孩子睡着以后再聊反腐话题

我希望各位妈妈一定要意识到，家长在孩子面前说什么做什么对孩子影响很大。

家长在和孩子一起看电视节目的时候，可能会看到一些评论家批判官僚的腐败行为，恐怕这时候家长也忍不住想随声附和：“这些官僚，没一个好东西!”或者说什么：“别看这帮当官的是东大毕业的，就知道学习不会做别的事，都是无用的人!”，等等。但我希望爸爸妈妈在骂个痛快之前，先要想一想这样会给孩子造成什么影响，三思后再出口吧。

当孩子听到家长说“东京大学出来的都是废物!”恐怕就会产生“原来妈妈不喜欢学习好的孩子啊”这样的想法，因此产生厌学情绪。要知道，每个孩子都希望成为让父母骄傲的人，而不想成为让父母讨厌的人。

有些高年级的孩子可能默默地想成为政府官员，能为国家做贡献，成为对社会有用的人。如果家长在这些孩子面前说什么“当官的都是废物!”可能就会一下打碎孩子的梦想。

我承认现在的社会上确实存在一些腐败的官僚，其中也有东京大学毕业生，最终成了社会的蛀虫。但是我也请各位家长在孩子面前稍微注意一下自己的言行，实在想要批判社会的话，不妨等到孩子睡熟后再骂个痛快吧！

当然我并不是想让各位都崇尚东京大学，或者认同所有的政府官员。我只是希望各位妈妈为了孩子的成长，能多说一些积极向上的话。我觉得多说些“东京大学很好！”“政府官员不错！”这样的话，对孩子成长没什么坏处。等孩子慢慢长大后，他自己就会对官僚机构的问题形成自己的看法。家长大可不必在孩子还小时，就让他们看到社会所有的丑恶面。

我认为在孩子小的时候，妈妈不妨多说一些这样的话：“东京大学真是一所了不起的大学！”“政府官员们每天为国家为人民辛勤工作，他们的工作非常重要！”或者“医生们救死扶伤，是个伟大的职业！”这样就会让孩子们从小就对这些职业产生向往，起到积极作用。

鼓励孩子用优异成绩应对校园霸凌

小时候，因为父亲工作的原因，我们家常常搬家。时而搬到东京，时而搬到大阪，所以我也经常转学。我总要面对新学校、新班级、新同学，也总会被欺负和冷落。

我从大阪转到东京的学校时，还带着浓重的大阪口音，常常被同学们取笑是乡下来的孩子。我的父母这样对我说："谁说大阪口音是乡下口音？你不理他们就好了！"虽然父母这样说，可我还是在同学们的取笑声中感到很自卑，不敢开口说话。

没过多久，父亲的工作又调动回大阪了，我也只好又转学到大阪。没想到一上学，同学们又开始取笑我了："你看看他！他可是从东京回来的大人物哟！还说什么东京腔呢！"我回到大阪却忘了大阪方言该怎么说了，又被同学排挤，十分沮丧。

我到现在都很佩服我的母亲，因为她总有独到的思维逻辑。当她得知我在学校被同学排挤时，她鼓励我说："人不仅会在学校被同学排挤，到社会工作时也会被同事排挤。所以，你要坚强，就算被同学排挤、被别人讨厌，也要努力坚持下去！无论是做医生，还是做律师，你要争取考一个执业证！”

别的孩子的家长在听说自己的孩子在学校被同学排挤，可能会想办法教孩子该怎样做才会不受欺负，“可不能在学校变得不合群，被人欺负啊！”但我的母亲没有那么做，她告诉我的是“想要不被欺负，想要站直了别趴下，那你就要变得更强！”

我小时候也很认同母亲的观点，我想：“对啊！不管他们是排挤我还是欺负我，只要我自己努力，等我当上医生那一天，你们就该佩服我了！”

正因为母亲的鼓励和支持，我在那时就坚定了要当医生的梦想。我的弟弟也和我一样，从小立志，努力学习，通过了司法考试，成为一名检察官。

对我来说，**对付同学排挤和欺负的唯一方法就是——好好学习**！我认为，通过学习，提高自身的能力，获得成功，才是对于当初那些欺负我的同学最好的回应。我现在回过头想一想，会觉得当初受同学排挤，反而成为我成功路上的一件幸事。

第四章

培育『爱学习的孩子』，家长应该怎么做

让孩子有“我懂”“我行”“我很棒”的体验

第一是“我懂”的体验。

孩子在学习上摔跟头，往往是由于没有理解课堂上的教学内容造成的。如果孩子在课堂上听不懂老师讲什么，就会觉得学习没意思，于是就不愿意学习了。就算家长每天都看着孩子学习，可能并不容易察觉到这些细微的变化，也不了解孩子到底对于书本中的知识掌握了多少。

家长不妨多和孩子交流，每天问一问“今天上课讲什么啦？都听懂了吗？”来确认孩子的学习程度。家长还可以对孩子说：“你要是有什么不明白的地方，就问我，我会帮助你的。”

如果家长发现“孩子可能对这个知识点不太明白”，就要马上对孩子说：“能不能给我讲一讲你现在学的是什么啊，你来教教我吧！”如果孩子能够准确清楚地讲述学习的内容，家长就可以确认，这个知识点孩子已经学会了。如果孩子对于所学的内容讲不清楚，家长要问孩子：“哪里不明白啊？”然后，及时帮助孩子把这个知识点弄明白。家长一般对于小学的知识还是比较了解的，即使有稍难的部分，还可以参照教科书和参考书。

如果孩子通过家长的讲解，弄明白了这个知识点，家长要及时鼓励孩子："这下你就明白了吧，看来是之前是我讲解得不够清楚。"家长这样说，孩子就不会认为"没弄懂这个知识点，是因为我笨"。**家长要让孩子觉得"家长稍微点拨一下，我就明白了，看来我很聪明""之前我没有弄懂，是因为别人没讲明白"**。

第二是"我行"的体验。

有时候，即使孩子学懂了知识点，也读懂了题目，但解题还是有困难。

在孩子上幼儿园阶段，很少有和其他孩子一比高下的时候，而一旦升入小学，就很容易和同学们比较考试成绩。如果好朋友考试得了 100 分，而自己只得了 65 分，孩子就很容易认为"看来我不行啊"。

这个时候，家长就要努力帮助孩子解决问题，不让孩子产生挫败感。**家长要帮孩子找出做题经常出错的地方，分析原因，再针对容易出错的地方进行反复练习**。如果通过练习，孩子的成绩提高到 75 分，家长要及时表扬孩子："你的成绩比以前强多了！看来只要通过反复练习，你就能取得好成绩啊！"

即使孩子没有得 100 分，家长也要对孩子给予正面鼓励："你看，你又进步了！跟一个月前比你可强了不少呢！"**孩子听到家长的鼓励，就会树立信心，产生"我行"的感觉**。

另外，**家长要对孩子的小成功进行大赞赏**。当孩子在普通的小测验中取得了好成绩，家长要及时鼓励孩子：“太棒了！你得了95分！”在家长不断的鼓励中，孩子一定能够树立信心，觉得“看来我能行”，而当孩子对学习产生了自信心，就不会有厌学的想法了。

当孩子不断累积“我懂”“我行”的体验时，就会逐渐产生“我很棒”的自信心。所以，家长要反复不断地鼓励孩子：“你太棒了！你真聪明啊！”“这么难的题目你都会做啊！你真了不起啊！”

当学习慢慢地就变成了乐趣，不用家长督促，孩子也可以自主学习了。

让孩子骄傲地认为“我是个天才”

在孩子上小学前，家长教孩子写一些简单的字和加减法，那么孩子在上小学一年级的时候，就会觉得课程非常简单，很容易产生“我学习很好”“我很聪明”的想法，作业都能轻松完成，学习也成了一种乐趣，而不是一个负担。

对于中学生也可以使用同样的方式，家长不妨利用中学入学前的假期，让孩子对中学的课程进行预习。这样，孩子入学之后的学习就会轻松许多，也会更有自信。随着好习惯的养成，孩子的学习能力和学习成绩也会顺理成章地得到提高。

有些家长可能会担心，如果让孩子有“我行”的体验，会不会孩子就会骄傲自满了。在小学阶段，家长不妨让孩子骄傲一点，让孩子觉得“我就是高才生”“我是个天才”。

要知道，即使一个孩子在童年时期很骄傲，当他考入名校后就会发现“原来还有那么多有才华的人”，当他长大成人步入职场时，也会认识到“我还有很多地方需要提高”，从而重新认识自己，并不会变得自大。

让孩子觉得学习是有趣的事情，

他们自然就会爱上学习。

对于孩子的教育，最关键的是顺序问题。家长首先要让孩子充满自信，让他认为自己是有能力的，那么他就愿意全力以赴。如果首先就让孩子尝到失败的痛苦，产生“我什么都不会”的念头，那么家长以后再怎么鼓励，也很难起到作用了。

在很多重点中学的入学考试中，学校会出极其刁钻的试卷，就是为了让那些千辛万苦才考进重点中学的孩子吃点苦头，给那些从小骄傲的优等生敲敲警钟，告诉他们“这个世界上可不是那么容易就能成功的，你们自以为很聪明，但你们要知道，要是不刻苦学习，就别想考上名牌大学”。

当然，有些孩子并不能领会校方的用心良苦，遇到点挫折就垂头丧气，这一点也需要家长密切关注。**如果入学考试太难，相当于给孩子当头一棒，有可能让孩子对中学的学习抱有恐惧感。**

家长要认识到，即使孩子有一点骄傲自满，以后总有机会让他受到挫折，重新认识自己的。所以，家长不妨让孩子先骄傲一点吧。

要让孩子把学习当成习惯

让学习成为习惯，可以减轻孩子求学中的辛苦感。而强制孩子去学习，是不会让他们喜欢上学习的。只有孩子反复体会到“我懂”“我行”“我很棒”，学习才有可能成为一种乐趣，孩子才会水到渠成地开始享受学习。

要想让孩子真正将学习作为一种习惯，家长还需要用一定的强制力来约束。家长每天要让孩子在书桌前至少要坐满1个小时或2个小时。这种程度的强制力是有必要的。如果连这点都做不到，那么学习很难成为一种习惯。

一个学生正常的学习时间=年级×30分钟。

比如，小学一年级就是30分钟，二年级就是60分钟，以此类推。

孩子刚开始坐在书桌前的时候是很不愿意的，这30分钟对于孩子来说太煎熬了。尽管如此，家长还是要坚持让孩子坐在书桌前，按规定的时间坚持学习。

其实，一个人无论做什么事都是这个道理，刚开始的时候很痛苦，然后逐渐就习惯了，痛苦的程度就能减轻，再到后来就觉得“做起来已经习以为常”了。这就是所谓习惯的养成模式。当一个人把做一件事养成了习惯，那么做事的痛苦就会逐渐减轻，到后来就能当作一种习以为常的事来做了。

比如说刷牙这件事，大家都知道刷牙对健康有好处，但孩子们一开始都对刷牙很反感。如果家长不强制要求孩子一定要刷牙的话，很多孩子就能逃则逃，能躲则躲了。

但是，当刷牙成了一种习惯，孩子就能自觉自愿地到时间就自己去刷牙。而且一旦不刷牙，孩子就觉得嘴里不舒服。

习惯是什么？习惯就是一旦不做就不舒服，就浑身不自在。

学校每天都会留课后作业，孩子们回家之后就必须先进行复习，才能完成作业。没有作业的话，孩子就会感觉“学习是在学校做的事”，而不能养成在家里学习的习惯。而且，**孩子一旦形成了“学习是在学校做的事”的观念，就会觉得在家学习非常困难**。因此，我认为，从小学一年级起，孩子放学回家后就要完成适当的作业，这样孩子才会形成“在家要学习”的观念。

有些孩子为了备战小升初而参加课后班学习，他们在课后班里学习、做作业，一回家就把书包扔到一边。要知道只在课后班学习是远远不够的，一个学生如果在家不学习，根本不可能考入好中学。因此，**家长一定要趁孩子还在小学低年级的时候，就帮助孩子养成“在家里要学习”的习惯。**

让爱动的孩子进行安坐练习

家长要培养孩子每天都在书桌前学习的习惯。可能对于小学一年级的学生来说，在书桌前坐 30 分钟很困难，但是只要坚持并养成了习惯，孩子就不会觉得长时间坐着不舒服了。

对于爱动的孩子来说，可能最初只能坐 3 分钟，然后就要靠家长的努力和自己的坚持了。家长可以让孩子一点点地从坐四五分钟开始做起，慢慢延长能安心坐着的时间，最终一定能够达到一个相当长的安坐时间。如果爱动的孩子能够坚持逐渐延长安坐的时间，家长就不用担心了。因为学校老师不可能给孩子安排这样的练习，所以**家长一定要坚持在家进行安坐的练习，这样孩子就能慢慢地养成习惯，能够安心在书桌前坐下学习了。**

当孩子把学习当成了习惯，如果哪天没有在家里学习，反而会产生一种好像什么事情没做完的感觉。到了这个程度，即使家长不再督促“快去学习”，孩子仍会每天坐在书桌前学习一段时间。

要想让孩子将学习当成一种习惯，就需要家长给孩子一定的强制力。孩子一旦养成了学习的习惯，对学习的痛苦感就会大大减轻了。

让孩子经常“睡前背诵、晨起思考”

研究表明，**如果学习的过程充满乐趣，那么孩子的记忆力也会随之提高**。当人感到愉悦的时候，大脑神经细胞就能持续提高工作效率，学习效果和记忆能力就能得到提高。因此，如果想提高孩子的学习效果，家长就要提高孩子的学习乐趣。

人一边走路一边学习的效果最好，因为，步行时人的大脑的活力增强，从而人的记忆力水平有所提高。所以，如果孩子不能长时间在书桌前安坐学习，家长也可以让他换个姿势，试试一边走路，一边背书，背诵的效果应该会更好。尤其在背诵历史、地理等科目的知识时，家长可以让孩子“拿着参考书，在房间里边溜达边背诵”。

在上下学途中，孩子拿着英语单词书，边走边背，效果也会很好。我至今都保持着在上下班的路上边走路边背英语单词的习惯。

脑科学研究还表明，人在睡觉前的记忆能力最好，而逻辑思维能力在晨起之后最佳。

人的大脑在睡眠时会对记忆进行整合储存，相当于一个录入的过程。因此，**在晚上临睡前进行背诵，效果会很好，背诵的内容经过睡眠期间的整合录入，能够使人牢牢记住。**早上起床时，人的眼睛和耳朵开始接收信息。通过视觉和听觉收集的信息比较纷杂，对于记忆力干扰很大。因此，早上起来背诵的效果往往不好，临睡前才是最佳的背诵时间。

但是，如果我们晚上进行了背诵，却没有马上睡觉，对背诵的效果也有影响。比如孩子背诵完一段课文后，又看了一会儿电视才睡觉，那么电视里生动的画面和声效会对人的记忆力造成很大干扰，背诵的内容往往就记得不牢。研究表明，如果当人在晚上进行课文或英语单词的背诵后立刻睡觉，没有受到其他干扰，往往背诵的效果较好。

记忆力随着反复的背诵、反复的回忆而提高，在早上起床之后，孩子复习一下临睡前背诵的内容，那么背诵的内容更容易被他牢牢地记住。

清晨，孩子起床后，通过一夜的睡眠，其大脑得到了充分的休息，正处于活跃的时间段。如果孩子吃了早饭就能立刻开始学习，他的解题速度和思考力水平正处于高峰，学习效率就会很高。**数学和语文等科目需要孩子集中精力去解题，早上学习这些科目，效果会非常好。**

要善用“奖励”让孩子主动学习

很多家长都希望孩子能自觉主动地学习，可能有个别孩子好奇心旺盛，是天生的“学霸”，能够自觉自发地去学习，但绝大多数孩子并不是这样的。所以，家长要想办法，运用奖励机制让孩子“主动学习”。

在成人的世界里，不劳动就没钱赚。虽然工作和学习并不完全一样，但家长也要让孩子认识到，在这个世界上没有免费的午餐，也没有无条件的奖励。家长如果把学习也对应一定的价值，用适当的奖励给孩子鼓劲加油，不仅可以帮助孩子爱上学习，同时也是教导孩子认识社会的一种方式。

用小奖励让孩子实现小进步

如果家长给孩子设立的目标是遥不可及的，那么无论怎么奖励孩子，他都不会有干劲的。

比如，孩子考试只考了 60 分，而家长为了给他鼓劲而承诺说："你下次要是考了 100 分，我们就带你去旅行!"可孩子自知很难考到 100 分，听了家长的鼓励，反而垂头丧气，失去干劲。

如果家长说："你这次考了 60 分，那要是下次能考 70 分，就给你买漫画书!"孩子听了这样的话，觉得自己能做到，就会为争取考到 70 分而努力。

家长与其给孩子设定一个孩子认为的遥不可及的目标，然后对应一个大奖励，不如设定一个孩子可以达到的目标，对应一个小奖励。这样孩子会更有干劲，效果更好。家长给孩子奖励的原则是：**设立逐步提高的一个个目标，让孩子一点点实现进步。这就是"一小步"学习法（Small Step）。**

如今，很多家庭都很富裕，对孩子来说，可能没什么东西是特别想要的。如果家长说：“你要是考了好成绩，我给你买件新衣服吧。”孩子可能会想：“我有好多衣服了，不需要买新的了。”如果家长说：“你要是学习进步了，我就带你去旅行。”孩子也可能会说：“旅行没什么意思，我不太想去。”

所以，家长要用心观察孩子的兴趣点到底是什么，否则即使家长给孩子奖励了，孩子也有可能不领情。

其实，**对孩子来说，最好的奖励就是家长欣慰的笑容**。如果孩子考了好成绩，即使没有得到任何奖品，但是家长看到分数时欣喜的样子，就是对孩子莫大的奖励。所以，家长一定要细心观察，才能知道孩子喜欢收到哪种奖品。

让孩子正确对待看漫画书这件事

以前有人说“看漫画的孩子会变傻”，我想这话的意思是，让孩子多读正经书，不要总看漫画。

然而，现在有很多孩子只喜欢看漫画书。《少年跳跃》是年销量高达数百万册的漫画周刊，其读者原本是小学生，但现在它的读者的平均年龄已经接近 20 岁，这意味着，曾经看《少年跳跃》漫画周刊长大的小学生，已经长大成为青年知识分子了。

如今有很多孩子只喜欢看漫画书，很多漫画书的故事构架、情节发展也都非常出色。当孩子在看漫画书的时候，其实也同时锻炼了他们对于故事情节发展的理解能力，尤其是搞笑漫画，其情节的设置往往非常精妙，才能引人发笑。如果故事没有铺垫好，读者是不会笑出来的。

我读中学时发现，喜欢看少女系漫画书的同学往往语文成绩都非常好。这可能是由于他们在看漫画书时，锻炼了领会故事情节、了解人物心理的能力。

爱看漫画书是没什么问题的，但如果一个人过度依赖漫画书中的图形信息，而从不去读文字书，从而造成无法阅读文字书，也不会写作，家长和孩子就要认识到这是个问题，并防止这种情况的发生。

不喜欢学习的家长也可以培养出喜欢学习的孩子

我的母亲并不是一个喜欢学习的人，但我和弟弟都很喜欢学习。我听母亲说，她小时候因为讨厌写作业，就把作业全部推给她的哥哥替她做，结果她哥哥学习特别好。而她因为讨厌学习，不想再上学了，就去找工作，很早就进入社会了。

不过，母亲常常把自己作为“反面教材”，反复给我们讲她的经历，激励我们好好学习。“我那个时候啊，工作很不好找。不好好学习的话，只能靠卖力气赚辛苦钱。”

即使家长不喜欢学习，也没有关系。孩子是独立的个体，只要家长善于引导，孩子会喜欢学习的。

有一点要特别注意，有些不喜欢学习的家长可能会认为，“要是强迫孩子学习的话，那孩子未免太可怜了！”这么说的人实在是太自以为是了，要知道，没有哪个孩子会希望自己很笨，孩子们都希望自己成为聪明人。

当孩子发现和昨天相比，自己算数更快了，会写的汉字更多了，能记住的植物名称也比同学多，都会特别高兴。家长一定要引导孩子体会到这种喜悦。

有些家长自己小时候不喜欢学习，就觉得让孩子在书桌前坐 3 个小时太可怜了。其实，任何一个孩子在书桌前坐 3 个小时，都是没问题的。

家长往往在孩子身上倾注所有的感情，有时难免保护过度，不舍得给孩子一点点压力，但这其实是在溺爱孩子。得到太多溺爱的孩子往往在走上社会后会感到不适应，觉得社会规则过于严酷。所以，**为了孩子的未来着想，家长可以适当地给孩子一些压力，来锻炼孩子的承受能力。这其实也是对孩子的一种保护。**

第五章

培育『有专注力的孩子』，家长应该怎么做

不要求孩子一直保持全神贯注

在学习的时候，“专注力”对孩子来说是非常重要的，但是孩子很难长时间保持注意力集中。帮助孩子提高集中注意力的方法很多，但家长也不要对孩子的注意力水平期待过高。

在孩子不能保持较高专注力时，家长不要马上打断他们，而让他们“不够专注”地继续学习下去，是更为恰当的做法。

以前文介绍的爱迪生为例，爱迪生是有多动症倾向的，他的专注力可以说是很差的。但是，爱迪生的母亲并没有在意他的问题，而是帮助他用适合自己的方法来学习，以应对注意力不集中的问题。

爱迪生做事时往往只能保持两三分钟的专注力，之后就会去做别的事情。比如，他读书只读了几分钟，就失去了兴趣，放下书去干别的。爱迪生的母亲却并没有因此教训他：“你赶紧给我读书去！”而是让他换个科目学习，去做数学题。当爱迪生学了几分钟数学后又走神了，他的母亲就让他再换别的科目学习。

这是个多么好的方法啊！如果孩子已经读书读厌倦了，而家长却只知道对着孩子嚷嚷："你怎么不好好把书读完!"孩子还是不会继续读书的。与其浪费5分钟、10分钟对孩子发脾气，智慧的家长不如让孩子换换脑筋，让孩子去练习一两道数学题。

通过轮换科目学习，注意力不集中的孩子也可以持续学习较长时间。孩子能在3分钟内保持注意力集中也是很不错的，这样进行10次3分钟的学习，就累计学习了30分钟。

让孩子学会驾驭时间

如果孩子已经学累了，而家长还是强迫他继续学习的话，会让孩子逐渐厌恶学习。所以，智慧的家长要思考的是，怎么才能让已经“学够了”的孩子继续学习下去。

爱迪生母亲的方法很值得借鉴，她让孩子轮换科目学习。孩子的学习量由总体的学习时间来决定，即使孩子每次的学习时间很短，但只要重复数次，仍然可以达到一定的学习量。

所以，我们可以想一想，3分钟可以学点什么？虽然看起来时间很短，但其实3分钟已经足够长啦。

我曾经受邀担任广播电台的节目评论员，如果给我3分钟时间，我就必须要说好多话。有时候我说了半天，可3分钟还没到。

家长不妨自己试一下，用秒表计时，去读3分钟的书，看看你对时长能否有准确的感知。

用3分钟能读几页书呢？读书快的人能轻松读五六页，而习惯精读的人可能一页还没看完呢。孩子也是一样的，一般3分钟内可以读一页教科书或参考书。虽然仅仅是一页书，看起来没什么了不起的，但是就凭多读这一页书，孩子就能学到新知识，变得更聪明。如果能有效地利用三五分钟的零碎时间，孩子就能学到不少知识。

如果用 3 分钟的时间来进行计算练习，虽然孩子们水平不同，但只要经常做练习，孩子的解题速度都会越来越快的。

如果一个孩子的计算速度慢，3 分钟只能解一道题，其实也没问题，累积下来总比一道题也不练习的孩子要强。

孩子如何利用时间，是影响其考试成绩的至关重要的因素。如果家长只会无谓地发牢骚“我们家孩子就是注意力不集中啊”，却没有去教导孩子先进行 3 分钟的练习，这样 3 分钟的时间就白白浪费掉了，家长就相当于默认了“孩子注意力集不集中都无所谓”。

如果家长能够帮孩子充分利用好每个 3 分钟，哪怕只是指导孩子解 3 道数学题，才是真正地为孩子着想。

如果家长能够帮孩子抓紧每个 3 分钟，那么 10 次下来就有 30 分钟了，30 分钟的学习时间已经比较长了。因此，家长应该努力帮孩子利用好每一个 3 分钟，让零碎的时间也能有效率。

对于不能一口气学习 30 分钟的孩子，家长可以让他分 10 次轮换科目学习，每次学习 3 分钟，这和一口气学习 30 分钟的效果基本是一样的。

不必要求孩子在哪儿学习和矫正孩子学习时的坐姿

在孩子学习的时候，家长不要限制孩子学习时的“形式”，只注重“内容”，而不拘泥于“形式”即可。

在训练有多动症倾向的孩子时，人们通常要求孩子在学习的时候端坐在椅子上，但即便是没有多动症的孩子，有时候也达不到这个要求。因此，我认为。家长不一定要苛求孩子，在学习时必须正襟危坐。

请家长暂时把学习和礼仪分开来看吧。当孩子学习的时候，不一定非要求他在书房里正襟危坐。孩子想坐在客厅里学习是可以的，把书拿到餐厅里去念也未尝不可。在注意安全的前提下，孩子边走路边看书也没关系。

如前所述，当人边走路边学习的时候，大脑的记忆能力最佳。实际上，从古至今有不少人的聪明点子就是在散步时灵光闪现的。

当孩子在房间里边溜达边读书时，在家里不停踱步思考计算题时，请家长默许孩子的做法，不要说“你怎么不坐下”“好好读书，瞎溜达什么”。孩子在学习的时候，不要限制学习的方式。

只要孩子在学习就好了，不要管他以什么姿势在学。

我在工作的时候，也时常在房间里踱步。无论读书还是思考问题，我自认为边走边思考确实要比呆坐着苦想的效率要高不少。

在一定的学习时间里，重要的是要提高学习效率，这和行走坐卧的礼仪并不相关。只要孩子在学习，家长就不要说“你姿势不正确”或“这么低头看书，眼睛要看坏了”之类的话。

有眼科研究表明，看书时眼睛离书很近，并不会造成视力下降。实际上，视力在很大程度上是受遗传影响的。家长若是见到孩子躺在床上看书，既然孩子在学习，就不妨准许他这么做。

我一直认为，孩子形成正确的礼仪是很重要的。因此，家长可以在非学习时间帮助孩子形成正确的礼仪规范。如果孩子坐得七扭八歪地吃饭，家长可以教育他：“吃饭时要坐正！”如果孩子看电视距离太近，家长可以教育他：“离电视远一点儿，要保护眼睛！”

同样，不让孩子厌烦学习也是很重要的。如果家长在孩子学习的时候，总在旁边唠叨他的坐姿或学习态度问题，是很容易让孩子分神的，而且会让孩子觉得学习很烦。所以，**在孩子学习时，家长尽量不要时不时地让孩子调整坐姿、握笔姿势，以及眼睛和书本的距离，而干扰或打断孩子的思考，使其无法将注意力放在学习上。**

让孩子逐渐缩短注意力不集中的时间

孩子在一两年的时间内持续提高专注力，做到全神贯注地准备考试，是件非常艰难的事。尤其对于小孩子来说，做起来大多力不从心。其实，对于任何人来说，一直保持高度专注，也是极难的。

对小孩子来说，家长与其强求他一直保持注意力高度集中，倒不如帮助他减少注意力不集中的时间，这样经过一两年的努力，孩子一般就可以做到注意力集中了。

导致人的注意力下降有以下几种情况，包括困倦的时候、身体疲劳的时候、情绪不好的时候，或有其他操心的事的时候。

众所周知，如果缺乏睡眠的话，大脑运转起来就慢了。所以，家长首先要帮助孩子养成早睡早起的好习惯，保证有充足的睡眠时间。

当人身体不适或疲惫不堪时，注意力也容易下降。所以，家长一定要关注孩子的健康成长，充分调理好孩子的身体。

饮食不当也很容易造成身体疲倦，家长每天一定要让孩子吃好早餐，一大早给身体充电，让头脑运行更顺畅。

有的家长害怕孩子超重，所以控制孩子的饮食，这些家长应在医生的指导下给孩子调整饮食，而不要擅自减少孩子的饭量，特别是不要让孩子进行极端的节食减肥。

如果孩子有烦恼的事，或有特别在意的事，他的学习专注力也会下降。所以，请家长一定要多多留意孩子的情绪。

如果家长能帮助孩子减少注意力不集中的时间，即使他仍做不到保持注意力高度集中，但他的学习成绩还是会有显著提高的。如果能让孩子在学习和考试的时候都能保持稳定的状态，孩子的学习效果和学习成绩一定错不了。

当然，有的孩子因为在考试时超常发挥，考出了好成绩，但是升学后有可能还是跟不上其他同学，成为落后生。所以，家长要认清孩子的能力，不要过分期待，不去要求孩子学习时必须保持注意力高度集中，而是让孩子保持一个稳定持续的状态，这样孩子才能在考试时胸有成竹，正常发挥。

孩子在学习的时候，不要限制他们学习的姿势、地点。

让孩子处理好学习和玩耍的关系

如果孩子很喜欢足球运动，当电视上正播放他心爱球队的比赛直播时，他一定会迫切地想要观战。这个时候如果家长不许孩子看球赛，孩子一定满脑子都想着球赛，而完全不能集中注意力学习。

其实，这时家长与其让孩子百无聊赖地坐在书桌前浪费时间，倒不如对孩子说："你要是那么想看球赛，你就去看吧。不过作为交换，看完之后你要花同样长的时间来学习，能答应我吗？"

孩子看一场球赛要 90 分钟，如果他能花同样的 90 分钟来学习，我认为这样就足够了。如果孩子有点偷懒，家长更要充分利用这个机会，进一步鼓励孩子："你看，在 90 分钟的比赛时间里，足球运动员在场上奋勇拼搏，他们是多么努力啊！你也要像他们一样，用功学习 90 分钟啊！"

我认为，家长与其限制孩子玩耍，倒不如让孩子用和玩耍同样长的时间来学习，这样会更有效。家长可以和孩子约定：

“你如果很想玩电子游戏，那我允许你玩 1 小时。作为交换，玩完游戏你再学习 1 小时就可以了。”这样，孩子学习时就不会一心惦记着电子游戏了。让孩子玩的时候痛痛快快地玩，学习的时候就能提高效率。

家长要帮助孩子把会分心的事都处理好，然后让孩子在约定好的时间里学习，这样孩子会更容易接受。

家长还可以让孩子把玩耍当成一种放松的方式，比如和孩子约定，“你想玩儿没问题，但一定要用同样的时间来学习”“如果你偷懒了，就更要学习了”，帮助孩子把学习和玩耍的关系处理好。

让孩子在开始学习前先给大脑热热身

研究表明，在学习开始之前，我们最好给大脑热热身。如果我们不让大脑一开始就处理复杂运算，而是在学习前先让大脑热热身，大脑的工作效率会高得多。

热身的方法有很多，比如，家长可以让孩子在学习开始前先进行5分钟计算练习或大声朗读熟记，然后再进行学习，这样大脑的运转速度就会更快，学习效率就会更高。

运用这个方法，还能对孩子的状态进行判断。如果给孩子每天计时做口算题，就能看出孩子每天的变化。比如，一个孩子每次做计算练习平均花1分钟，而有一天他花了1分30秒才完成计算，家长就要考虑是什么因素影响了孩子，比如“是不是孩子在学校里遇到什么事情了”“今天是不是比较累”等。

阴山老师的方法也可以运用到课后学习中来。在做作业前，让孩子先进行口算练习，既可以起到孩子大脑预热的作用，家长也可以通过计时判分来判断孩子的身体状态和心理情况。如果孩子出了什么状况或有了什么烦恼，家长就可以通过这种方法提前做出判断，这是非常重要的。

如果孩子某一天状态不好，而家长强制要求他学习的话，学习效率恐怕也不会高，这时倒不如让孩子早点洗漱睡觉。而家长如果发现孩子某天状态不错，不妨让孩子多学习一会儿。当孩子在大脑清醒且活跃的时候学习，可能他自己都不愿意停下来休息呢。

在备考时，有的孩子会出现一个现象，他的理解能力忽然增强，学习对他来说也变得有趣了。在这个阶段，孩子就像忽然喜欢上某个游戏一样，忽然着迷于学习，学习成绩很可能飞速提高。家长一定要抓住孩子的学习活跃期，满足孩子的求知欲，即使孩子想熬夜学习，也不要打扰他。

让孩子养成“早睡、早起、吃早饭”的好习惯

山口小学是一所位于大山深处的小学，附近没有课后班。在这样一所位置偏僻的小学里，阴山老师通过口算练习法提高了学生们的学习能力。他所教授的学生，中学毕业后最后纷纷考入了名牌大学。

由于在山口小学取得了优秀的教学业绩，阴山老师后来被聘为土堂小学校长。我曾与阴山老师合著了一本书，书名是《提高学习能力100法》（PHP研究所出版），写书期间我参观了土堂小学，和阴山老师探讨教育问题。

土堂小学的董事们知道阴山老师曾在山口小学取得的优秀教学业绩，所以对他的期望很高，希望阴山老师能够立刻提高学生们的成绩，但是，没有哪一种教学法能够如魔法一般立刻使学生们提高学习成绩。即使学生每天进行口算练习，计算能力也不会一夜之间立刻提高。校董们要求阴山老师快速取得成功，这给了阴山老师很大的压力。

于是，阴山老师采取了一个方法，首先要求孩子们养成“早睡、早起、吃早饭”的好习惯。乍一看这可能与提高学习能力没有太大的关系，但实际上良好习惯的养成比做口算练习更能见效。因为，做口算练习可能需要一段时间才能提高学生的成绩，但是当孩子们养成“早睡、早起、吃早饭”的好习惯后，校董们就可以立竿见影地看到孩子们的变化。

让孩子养成“早睡、早起、吃早饭”的好习惯，在学校里是无法实现的，需要家长来引导。所以，阴山老师首先要做的是说服家长们，让家长认同这样的做法，并且在家庭里帮孩子养成好习惯。阴山老师对家长们解释说，良好的作息习惯可以提高孩子的学习能力，因此得到了家长们的支持。后来，“早睡、早起、吃早饭”计划在土堂小学的每个学生的家庭里得以实施，孩子们的学习能力和学习热情也在短时间内得到了提高。

我以一名医生的视角来看，也觉得这个方法是非常科学的。“早睡、早起、吃早饭”的作息习惯，确实可以提高大脑的运行能力。

当一个人睡眠不足的时候，大脑就会动力不足；而如果睡眠质量高，那么白天大脑就会很清醒。

因为，人是有一定的作息生物钟的，只要遵循“日出而作，日落而息”的生活规律，就能获得最有效的身体动力。

早饭是一天中最重要的一餐，人的大脑运转是需要葡萄糖来作为动力的。我们经过一个晚上 12 个小时，在每天早上起床时，前一天从晚饭中获取的能量已经消耗殆尽了。所以，早上是最缺乏葡萄糖的时刻。如果孩子不吃早饭就去上学，就会因为葡萄糖摄取不足而造成大脑运转效率不高。如果孩子吃了早饭，大脑摄取了充分的葡萄糖，就好像起床加满了油，大脑运行起来就会充满动力。

如果孩子养成了“早睡、早起、吃早饭”的好习惯，大脑就会被调整到一个良好的状态。孩子在良好的状态中学习，理解能力就会提高，学习效率也会提升。这样，学校里的课堂教学就能取得更好的成效。通过这样的方式，土堂小学的学生快速提高了学习成绩。

“早睡、早起、吃早饭”的方法确实有迅速提高孩子学习能力的作用，所以，我希望家长们都能这样做，让孩子养成良好的作息习惯，让孩子们的大脑状态更好，快速提升学习成绩。

让孩子认识到边玩边学效果差

家长要让孩子知道，想集中注意力学习的话，边玩边学可不行。有些孩子总喜欢在客厅里边看电视边学习，但是他总是会被电视的内容吸引过去，而没法集中注意力学习。人在看电视的时候，会被电视里的内容分散注意力，而如果节目看到一半，把电视关上再学习的话，孩子往往无法马上做到精力集中，反而两件事都耽误了。

以前，有些学生喜欢边听收音机边学习，他们常常会被电台的内容所吸引，学习效率就下降了。我自己的经验则是，如果听惯了收音机，当我在完全没有背景声的环境下学习，反而学不下去了，学习效率会下降。

不过，有的孩子边听音乐边学习，他们的学习效率也很高。其实，**在听有歌词的歌曲时，孩子往往会竖起耳朵，被歌词的内容带走神；而在听没有歌词的音乐，或是听不懂歌词的外国歌曲时，孩子就不会走神，学习效率也不会受到影响。**

注意力被电视吸引过去，

是没法一心一意学习的。

所以，对那些“听音乐时状态更佳”的孩子，家长不妨让他们戴上耳机，边听音乐边学习。耳机同时也阻隔了周遭其他噪声，使孩子不会受到其他的干扰，从而更易提高注意力。

近年来，孩子一边玩手机或平板电脑，一边学习的情况越来越多了。虽然只有少数小学生有自己的手机，但是中学生常常会把手机放在书桌上，一边和朋友在微信里聊天，一边学习。这样一来，还怎么能做到集中注意力学习呢?

人在看电视的时候，有时候不抬头看画面，边忙别的事边听声音是没问题的。但是，如果手机微信响个不停，孩子就会总惦记着有没有新消息，又琢磨着要回复什么。**孩子边玩手机边学习，脑子是在两头转，导致一心二用，所以说手机是严重干扰学习的。**

所以，**请家长在小学生学习时，要求孩子关掉手机。**有些音乐播放器可以联网，也请家长把这些东西放在远离书桌的地方，以免干扰孩子学习。

第六章

培育『成绩好的孩子』，家长应该怎么做

让学习能力强的孩子提前预习

要想成为一名学习优等生，孩子不仅要喜欢学习，还要在家长的督促下，通过不断刻苦学习，才能取得好成绩。**每个孩子的学习能力不同，对于学习的热情也不同，家长们要做的，就是让学习尽可能充满乐趣，让孩子对学习充满兴趣。**

如果孩子发现自己比其他小朋友懂得更多，计算速度更快，孩子就会觉得“我好聪明啊！”“我脑子真好使！”家长如果想让孩子发现自己很聪明，首先就要帮助孩子提高学习能力。

对于学习能力强的孩子，即使让他学习更有深度的知识，也完全没有问题。比如，如果孩子已经对加减法很熟练了，不妨给他布置一些复杂的计算题，让他挑战一下更难的练习。孩子的学习能力越出色，学习成绩就会越好。

我弟弟小时候学习并不好，尤其是数学成绩很落后。我实在看不下去了，就让他多进行公式计算的练习。弟弟每天都做公式计算练习，逐渐地做起数学题来就得心应手了。在小学二年级时，弟弟可以解答三年级的数学题，他特别高兴，也变得自信了。从那时开始，弟弟对学习逐渐产生了兴趣，计算速度也越来越快。

如果孩子一开始很讨厌学习，家长先不要强迫孩子。不然，孩子虽然在家长的强迫下学习了，但却越学越糊涂，就会产生“我脑子不好使啊”“看来我是个笨蛋啊”之类的消极念头。家长不如趁着孩子还没开始讨厌学习，就让孩子进行计算练习，并逐步提高计算难度，从激发孩子的学习兴趣着手。

如果家长对二年级的孩子说：“你刚刚做的计算题实际是三年级的题呢！”孩子就会产生“原来我连三年级的题都会做呢！”孩子就会更有自信，也更有学习热情。

无论学校是否要求家长给孩子进行预习，家长要知道，学校执行的教学要求是“最低标准”。所以，家长不妨在“最低标准”的基础上，多教孩子一些知识。

让学习能力一般的孩子勤于复习

如果孩子学习起来有点吃力，那么，对于不懂的地方反复地复习就是非常必要的。

比如说，如果孩子确实做不了复杂的数学题，家长就不要让他反复做同类的题，让他反复遭遇挫折。对于九九乘法表背诵不熟练的孩子，如果反复让他做乘除法练习，也没什么意义。

如果家长总是担心“我们家孩子都上小学三年级了，但他还是做不好乘除法计算题”，就会让连九九乘法表都没背熟孩子反复做乘除法练习，那孩子肯定越做越错，越错越没信心，自然就会产生厌学的想法了。所以，我对家长的建议是，让孩子多复习。比如，如果小学二年级学生做不好计算题，家长可以让他做小学一年级的计算题，会多少做多少。这样，孩子能够一点一点在复习中提高，在复习中树立信心。到了小学三年级，家长可以先让孩子重做一年级和二年级的计算题，通过多次复习而熟练掌握知识点之后，当孩子再做三年级的功课时，成绩就能迅速提高了。

学校录取孩子有个硬标准就是生日，即使都是入学同一个年级的孩子，实际年龄最大会有将近一岁的差别。同样是三年级的学生，有的孩子已经快 9 岁了，而有的孩子其实刚刚满 8 岁。

有的孩子记不住字词的读法、写法，那就让孩子多多复习；一年级的学生不会写字，那就让他反复练习字的写法；有的孩子不爱读简单的文字书，家长就要帮助孩子在这方面多努力。

家长要认识到，不管孩子对哪个年级的功课一知半解，要协助孩子做的就是一起把知识一点一滴掌握牢固，这样孩子的成绩就会提高了。家长不要把孩子跟同学年的孩子比较，觉得孩子落后了，就产生焦虑的心态。家长们要做的是，了解孩子的学习能力，再针对孩子的特点，帮助他们掌握知识。

让孩子从小拥有“我学习很棒”“我很聪明”的积极心态

有些孩子可能跟不上同龄人的课程进度，学习有些落后。但把这些孩子调整到低一年级时，孩子的解题速度就会变得很快，学习成绩也提高了。让三年级的孩子回到二年级上课，他之前存在的学习跟不上、不会解题的问题全消失了，最后成了班里的优等生。

如果孩子在三年级的时候，常常感到学习很困难，产生“我看来不是学习的料”的消极想法，我们倒不如让他重学二年级课程，产生“这些题太简单啦，我全都会答，我太聪明啦”的积极想法，这样孩子最终的学习水平会是完全不同的。

如果孩子在低一年级里成为优等生，那么就可以晚一年参加小升初考试，而不再认为考试是个难以跨越的难关。学生们都很重视小升初考试，尤其小升初考试取胜之后更要乘胜追击，希望在中考和高考中能够考取名校。当孩子留一级后，成了年级优等生，他就更容易取得小升初考试的成功，乃至在高考时考取名校。因此，如果孩子真的留级了，家长也完全不用担心。

家长可以这样想："子学习成绩差并不是因为脑子笨，孩子只是因为生日早几天，就早上了一年学而已。"

在上学和考试时，大家往往只看到孩子年龄的差异，从出生的月份来看，不同月份出生的孩子在考试时是有区别的。比如，中考和高考时，9—11 月出生的孩子，考上好学校的比例较高。

这个说法并没有人用科学理论论证过，也没有确凿的数据支撑。但是，在考试领域的从业者一直有这样的共识，专门从事考试指导的老师们也普遍有这个感受。

从入学的时间上来看，9 月到 11 月出生的孩子和第二年 6 月到 8 月出生的孩子是同级生。然而，虽然是同级生，孩子们却相差了半岁甚至一岁，实际的智力差别是很大的。

9 月到 11 月出生的孩子比一部分同班同学大 6 个月到 1 岁，所以从低年级开始，对知识的理解更快、更透彻。这些孩子因为学习成绩更优秀，很容易产生"我很聪明""我很棒"的积极想法。**孩子们越有自信，就越容易向好的方面发展，学习成绩越好，就越喜欢学习、求知欲越强。**

6 月到 8 月出生的孩子比一部分同班同学小 6 个月到 1 岁，学习就比较吃力，容易产生"我比大家学习成绩差""我是个笨蛋"的消极想法。**没有自信的孩子往往容易产生厌学的想法，越不喜欢学习，学习成绩越差。**

为了打破这样的恶性循环，家长就要对 6 月到 8 月出生的孩子多加鼓励：“你的成绩已经很好了，要知道你比很多同学都小半岁以上，所以，没关系，你一点儿也不笨。”

让孩子从小抱有“我学习很棒”“我很聪明”的积极想法非常重要。家长要帮助孩子从小就树立起自信心，并铲除打击孩子自信心的因素。

让孩子学会从简单的题目答起

在诸多应试方法中，有一种方法是“从简单的题目答起”。这种应试方法我将在下一章里详细讲解，其大致的意思是，考生在考试的时候，如果一道题一道题顺着往下做，有时会碰到不会解答或很难解答的题目，这个时候如果被某道难题绊住了，考生就会浪费很长时间，心情也容易焦躁，从而影响后面的答题。

我建议考生在拿到卷子时，先大致浏览一下卷面，找到相对简单的题目。**从简单的题目开始着手答卷，把较难的题目放在后面解答，这样考生就不容易急躁，也能更有效率地利用时间，保证答题正确率，最终获得比较好的成绩。**

同样的方法也适用于日常的学习。孩子在家里学习的时候，如果在一开始还没进入学习状态时就要做很难的功课，那么他就要花费更多的时间来解题，孩子就很容易急躁。在这样的情形下，孩子往往不能完成预定的学习计划。我建议学生们在学习时，除非遇到的难题不解开就没法进行接下来的功课，在碰非常难解的题目，学习很难进行下去的时候，不妨换个方式，可以逐点突破，先跳过较难的部分，从最简单的问题着手，这样学习才会更有效率。

想让孩子在学习时能够更有效率地利用时间，家长就要帮助孩子调整学习的节奏和方式。家长可以告诉孩子，“这道题要是太难了，你就跳过去先做别的简单的，最后再做这道题。”家长也可以在孩子学习时，先浏览一下学习内容，挑出简单一些的内容让孩子先做。这样，孩子就可以花更短的时间来学习了。

从简单的题目做起，一天的学习就能更顺畅地进行了，孩子解题很顺畅时就会产生“看来我今天学习状态很好”的心态，家长要帮助孩子达到良好的学习状态。

让孩子反复地复习以提高成绩

如果想让孩子产生“我很聪明”的想法，就需要给孩子一些证明。家长要记得常常对孩子说“你能行”“你真聪明”这样的话，另外也要告诉孩子能够证明这些话的依据。

其实，孩子的考试成绩就是最好的证明。当孩子成绩提高时，家长要及时表扬：“你看啊！你只要肯下功夫，成绩就能提高这么多！你真是聪明啊，只要肯学习就一定能行的！”听到家长的表扬，孩子一定会更有自信：“就是啊！我果然能行！”

想提高孩子的考试成绩，家长就要重视复习，让孩子反复地复习已经掌握的知识。通过不断地复习，知识能够被孩子掌握得更牢固，孩子的考试成绩自然就能够提高，学习的效果也就显现出来了。

如果家长担心孩子成绩落后于其他同学，想让孩子提高成绩，最好的方法就是让孩子通过复习来掌握功课。

让孩子知道听课不仅仅是记笔记

有的家长看到孩子抄了满满几大本课堂笔记就放心了，但家长要知道，孩子单纯地记笔记其实是一点意义也没有的。笔记不是拿来记的，而是拿来用的。

有的孩子很喜欢记笔记，甚至只要上课就会记一大本笔记，可是下课之后一眼都不会看。为了记笔记而记笔记，这样做没有一点意义，孩子并不会通过记笔记而提高学习能力。**家长要告诉孩子，在记了笔记之后要反复复习、参考笔记的内容，以达到熟记并灵活掌握的效果，“常常复习笔记”才是提高学习能力的关键。**

当孩子反复学习自己记的笔记后，可能会发现“其实笔记的内容还不是很明白”或“字写得太潦草，有点读不懂”。当发现这样的问题后，孩子就会要求自己，“我下次记笔记时，不能写得太潦草，否则课后复习笔记时我自己都看不懂了。”这样，以后在课堂上孩子就会更加认真地记笔记了。

此外，**对于一些能够熟练掌握的擅长科目，孩子也可以少做一些笔记。**对于一些熟记于心的内容，孩子即使只看概括性的笔记，也可以理解学习的内容。

让孩子不受教育不得当的老师的影响

无论是学校的老师，还是课后班的老师，总会有一些老师的教学方法不得当。家长要做的是，不要让孩子受到这样的老师的影响，而产生“我脑子笨，学不会”的想法。

小学的教学内容相对简单，家长是可以亲自来指导孩子的。为了让孩子理解课本的内容，家长不妨给孩子耐心讲解。为了让孩子理解学习的内容，家长可以找一些教学方法得当的课后班，也可以买一些课本的参考书，家长阅读教参后亲自给孩子讲解。

如果孩子通过这一系列做法理解了学习内容，家长就要及时鼓励孩子，“你果然可以看懂了，当初你不明白，可能是因为课堂上老师没有讲清楚吧。”

但是，**家长绝对不要在孩子面前说老师的坏话，比如“某个老师真差劲”之类**。孩子是很单纯的，很可能回学校对同学说：“我家长说了，那个老师真差劲。”虽然在学校里有个别老师教学不得当，但这么说很容易让孩子站在所有老师的对立面上了。其实不只是学校里的老师，如果孩子开始把成年人看成傻瓜、笨蛋，也不是好事。这一点非常重要，家长一定要掌握好这个度。

家长在对孩子说话时要注意，一定不能说“老师不好”，而要说“老师可能没有讲清楚”。

孩子考了好成绩，妈妈要及时表扬；成绩不好也不要发脾气，要帮孩子查缺补漏。

让孩子得到适当的表扬和批评

当孩子的考试成绩出来了，可分数很差，这个时候家长怎么应对才好呢?

可能有时候家长忍不住怒火，想训斥孩子。但家长要知道，无论你如何批评孩子，孩子的成绩摆在那里，不会有丝毫改变。但是，**如果孩子根本不在意考砸了，若无其事地去玩耍了，家长可以对孩子的态度进行批评。**

家长可以这样批评孩子：“你这次考试成绩不好，已经没办法了。但你怎么能完全不在乎，照常去玩呢?如果不好好学习，成绩怎么能提高呢?”如果孩子也觉得考砸了很遗憾，赶紧抓紧学习，家长就要表扬孩子这种积极反省的态度，对孩子说：“没关系的，你只要继续好好学习，下次考试成绩就会提高的。”**家长不要因为孩子的成绩差而大加批评，而是要看孩子是如何对待这件事的，态度是积极的还是消极的，再来分别采取鼓励或批评的态度。**

如果孩子考试取得了好成绩，家长就和孩子一起享受好成绩带来的成就感，并及时表扬孩子；如果孩子成绩不好，家长也不要发脾气，要帮孩子对知识点查缺补漏。

当孩子正沉浸在好成绩的快乐中，家长却一会儿批评孩子书桌上东西乱放，一会儿又批评孩子房间没收拾整齐，还跟孩子说："你这次虽然考得不错，但不好好整理书桌可不行啊。"这样一下子就给孩子浇了盆冷水，剥夺了孩子享受成功喜悦的权利。

家长应该和孩子一起享受成功的快乐，同时告诉孩子："你太棒啦！妈妈很开心啊！你考试成绩那么好，整理房间也要加油啦！"这样说，孩子更容易接受。

其实，家长不过是换了一种说法，就可以对孩子起到更好的效果。智慧的家长会这样对孩子说："你的学习那么好，其他事情也同样可以处理好的。"这样既能达到鞭策孩子的目的，也能调整孩子为人处世的态度。

孩子考了好成绩，家长要及时表扬；孩子考试成绩不好，家长也不要发脾气。如果孩子犯了错却不知悔改，这才是家长真正该发脾气的时候。

让孩子正确认识测验的目的

家长应该重视孩子的考试成绩，却也不能过分强调考试成绩，而忽略了其他。

说到底，无论是日常测验还是模拟考试，都只是“学习全过程”中的一个环节，家长和孩子都应该着眼于长远，不要因为一时的成功而得意忘形，也不应该为一时的失败而垂头丧。

如果孩子某次考试比上一次提高了一两分，那证明孩子确实取得了进步。孩子今天比昨天有进步了，明天和今天相比又成长了。孩子就是通过这样一点一滴的进步，慢慢成长到 18 岁，逐渐积累而达到能够考取名校的学习水平。

如果孩子各方面能力都很强，那么为了让孩子更有自信，家长不妨拿他和其他同学作比较来表扬他：“你和其他孩子相比，强很多呢!”

如果孩子各方面能力不那么强，那么家长就一定不能这么比较了。如果孩子上一次只考了 30 分，而这一次考了 33 分，也算是个小进步。只有考 30 分水平的孩子，要想一下子提高成绩考到80分，也不太现实。

即使孩子每次测验只有两三分的提高，但是日积月累下来，也一定会实现一个很大的进步。

家长要明确，所谓的测验考试，只是检验当时孩子对知识掌握程度的一种手段。通过测验，就能分析出孩子当时对这部分知识哪里掌握得还不牢，哪里还理解得不够清楚。了解孩子的知识漏洞在哪里，就能够及时填补漏洞，成绩也就能够提高了。

如果以“要成为一个越来越聪明的孩子”为目标，孩子能够利用好测验这个工具而刻苦学习的话，家长和孩子的心情也就不会因为每次小测验成绩的忽上忽下，而忽喜忽忧了。

让孩子得到有区别的针对性教育

教育界一直有一个争论，争论的焦点是，经常夸孩子好，还是经常批评孩子好。正确答案是，应该根据每个孩子的个性特点来区别对待他们。

作为精神科医生，我从事临床心理咨询时所遵循的基本原则就是，针对每一位患者的特点，给患者个性化的、针对性强的建议。虽然心理治疗有很多的方法可以选择，但是为了患者最大的利益，我们医生要提供的不是千篇一律的治疗方法，而是仔细倾听患者的自述，选择最适合患者的治疗方法。

家长在培养子女时，也应该运用这个方法，在仔细判断每个孩子的个性特点之后，再来决定对孩子是要多加表扬，还是要时常批评。

但是，在书店的书架上，并没有哪本家庭教育图书可以为您提供针对您的孩子的培养方法，而只能提供一个大致方向和一些经验方法。

每个孩子的成长过程都有其特殊规律，以概率来判断的话，可以说大部分孩子的成长都需要家长“不断地夸奖和鼓励”，但是也有一小部分孩子需要家长“耳提面命地批评”，才能不断成长。

希望家长们不拘泥于本书提出的一些说法和做法，而是针对您的孩子，分析他独特的性格特征，来使用最恰当的方法。家长也可以尝试多种多样的方法，来寻求最适合您的孩子的培养方法。就像爱迪生的母亲一样，不断摸索最适合自己的孩子的教育之道，这才是聪明家长的做法。

让孩子在精神状态较好的时间段学习

虽然我在前文中介绍过，“早睡、早起、吃早饭”这种方法可以迅速帮孩子提高学习成绩，但也有例外。它是以医学为根据的，适用于大多数人的有效方法，但并不是针对全部人群的唯一方法。

有的人是早晨型的人，也有的人是夜晚型的人，每个人精力充沛的时段并不相同。

一般来说，大部分人是早晨型的人，即早上起来大脑的效率最高。但也有一部分人，他们早上效率低，而到了晚上才能进入状态。就像吃饭的时候，有人喜欢先挑喜欢的东西吃，有人先挑不喜欢的东西吃，这只是人与人之间简单的不同而已。

对于早上困倦、晚上有精神的孩子，家长就不能强求他在早晨学习，而是根据他的身体条件，让他在状态最好的时候学习，这样才能达到良好的学习效果。

家长只要注意观察孩子的状况，就能判断自己的孩子是早晨型还是晚上型。只要找到孩子一天中状态最好的时段，再让

孩子在状态好的时段学习，就能达到事半功倍的效果。

但是，家长也不要因为观察到“我家孩子晚上最精神”，而让小学生每天熬夜到一两点钟，那样走极端是不可取的。所谓早晨型和夜晚型的不同，实际上孩子整体的作息时间只有一两个小时的差别。家长要做的是，要求孩子晚上 10 点睡觉、早上 6 点起床，还是晚上 11 点半睡觉、早上 7 点半起床，这样较小的差别而已。

虽然人与人早晚状态有所差别，但是早饭是对孩子健康成长必不可少的一餐，所以家长务必要让孩子吃早饭。虽然有个别孩子不吃早饭反而精神百倍，但家长们还是为孩子每天准备早餐为好。

让孩子具备可以应对学习和工作的体力

不少家长在指导孩子进行体育锻炼方面存在误区，他们认为，**让孩子加大运动量就能达到提升孩子体力的目的，这种观点是错误的**。

孩子通过参加体育训练，体育技能一定会有所提高，但其体力并不一定会提升。除了那些想成为专业运动员的孩子之外，家长不应该为了提高孩子的体育技能，就强迫他们进行体育训练。

处于生长期的孩子，如果被迫进行高强度的体育训练，就会对身体形成很大的负荷。我们经常发现，长期接受严格体育训练的人一般不会长寿，这可能与他们从小就一直超负荷运动有一定关系。

当孩子长大成人后需要有一定体力时，在家附近跑跑步就能达到锻炼的目的，甚至不需要进行专门的体育锻炼。

工作的大部分时间都是在办公室里度过的人，并不必是四肢发达、满身肌肉的，只要有在办公桌前坐 8 小时的体力即可。

当然，如果想长时间保持标准坐姿的话，就需要锻炼坐功。

当孩子在书桌前学习时，家长可以试着让孩子保持标准坐姿，坐上2~3小时。如果孩子能够一直保持腰板笔直，而不是坐累了就弯腰驼背，那么他长大成人后，工作时长期坐着也会继续保持良好的坐姿。其实，如果孩子能在书桌前保持正确的坐姿，也能够达到一定的锻炼效果。

在长达约40年的工作生涯中，人需要具备较强的体力，即使连续加班，也能保持精力旺盛，即使工作压力很大，也能不知疲倦而坚持工作。

如果孩子因为运动不足而身形肥胖，那么家长确实需要让孩子进行一些额外的体育锻炼。其实，孩子上体育课、做课间操、课间锻炼、上下学，以及日常生活中的运动量已经足够了，他们自然而然就具备了应有的体力。

所以，家长们请不要过分担心孩子的运动不足、体力不够，而应该将关注的重点放在提高孩子的学习能力上。

第七章

分阶段培育『学霸小孩』

幼儿园阶段

让孩子学会拼音、认识数字、背诵九九乘法表

在孩子上小学前，家长需要做的是培养孩子对识字的兴趣。如果家长经常给孩子读带拼音的图画书的话，孩子就会在不知不觉间跟着读。孩子对一切事物都充满好奇，家长不妨在讲故事的同时，教会孩子一些简单的字词。

如果孩子能将家长写下的文字照猫画虎地描下来，就会一点一滴地学会一些字词的写法和用法。家长在读故事书的时候，可以停下来，指着某个字问孩子：“这是什么字啊?”这样，家长就可以判断孩子是否真正记住了这个字。

众所周知，孩子最好在上小学前就学会写自己的名字。其实，为了使孩子一入小学就能有“我比其他的孩子更能干”的自信心，家长不妨教孩子学学拼音。

虽说孩子的发展程度各不相同，家长也不应该强迫孩子去

做他们讨厌的事，但是基本上四五岁的孩子，大多数是可以学会拼音的。希望家长能够观察孩子的状态，抓住孩子的求知旺盛期，教孩子学会拼音。

对于数学的学习，孩子先要做的是记住数字的写法。认识了数字后，孩子就可以摆弄着自己的手指头，进行简单的加减法计算了。当孩子能够进行简单的加减法计算，那么他进入小学上数学课时就很轻松啦。

孩子处于幼儿期的时候，模仿能力特别强，能快速地模仿许多事物。在这个阶段，孩子背诵九九乘法表也是很轻松的。有很多孩子能够一边背九九乘法表，一边玩儿，在玩耍时就背会了九九乘法表。

让孩子在玩耍中耳濡目染、模仿背诵九九乘法表，不应该是以学习为目的的，当孩子每天都能听到“一一得一，一二得二”这样朗朗上口的口诀，自然而然就会跟着念了。

多给孩子读书

在孩子的幼儿期，家长应该尽可能多给孩子读书，孩子会在家长的朗读声中体会到家长的爱意。每次的亲子读书时间，孩子总会很开心、很愉快，自然而然地就会喜欢读书了。

孩子在听一些短小的故事时，是能够记住故事内容的。虽然孩子还不识字，但是能在听故事的时候，先理解故事的内容，之后所要做的就是把文字和发音联系起来了。

家长们总想给孩子读各种类别的书，觉得这样有新意、有乐趣。其实，**孩子们往往更愿意反复地读他最喜欢的某个故事。**家长应该了解的是，孩子反复读同一本书，他对其中的故事就会记得很清楚，之后学习字词的时候，他会很容易把文字及其发音联系起来，学习起来就会更容易。

对于已经学会了一些文字的孩子，再读那本百读不厌的书时，家长不妨让孩子试着自己读：“今天就换你来读给妈妈听吧！”

家长也可以让孩子试着自己看书。很多低幼读物每页只有一两行文字，孩子看这样的书会更省力，也更起劲儿。

“你太棒啦！都可以自己看书啦！妈妈好高兴啊！”请家长们积极给予孩子鼓励吧。得到了家长的鼓励之后，孩子就会越来越爱看书。

如果家长坚持为孩子读书，让孩子自己看书，那么孩子在每天的亲子读书时间中就得到了学习，大脑就会变得越来越聪明。

帮孩子做好幼升小的选择

有的孩子从小就特别聪明，这样的孩子可以通过考试进入优秀的私立小学。这种学校提供从幼儿园、小学到中学，甚至大学的一贯制教学。有的家长会担心，孩子一旦进入一贯制学校，就会放松而不努力学习了。如今，大多数家庭里的孩子并不选择上私立小学，而是进入普通的公立学校。

从前，公立小学都会留很多的课后作业，但如今情况改变了，公立小学很少留课后作业，甚至有的小学低年级什么作业都不留。

在校期间，孩子最重要的任务其实就是提高学习能力，只要学习能力提高了，中考、高考的时候就能充满信心地应对了。如果学校留很多作业的话，孩子的课后时间就非常有限，就没有进行系统学习的时间了。

近年来，小学所留的课后作业有时并不是课程练习题，而是规定主题的“调查问卷”。孩子要通过和同伴合作，对该主题进行调查，以完成作业。如果作业的主题比较有意义还好，但有时候主题是老师随自己的兴趣而定的，这样的调查作业就更像是一种游戏了。在私立小学里，这样的倾向更为突出，如果家长把这些都考虑进去的话，公立学校就很占优势了。

小学一至三年级阶段

让孩子感到“学习是快乐的”

从成年人的角度看，小学低年级的学习内容是非常简单的，家长很容易会产生“这么简单的题目，孩子自己学习就行了”的想法，家长往往在交代孩子好好做作业之后，就对其放任不管了。

如果孩子能顺利做完作业当然很好，但有时碰到自己不能理解的学习内容，孩子就会很苦恼。那些成年人看起来非常简单的题目，对于孩子来说，可是很难的功课呢。

我认为，在小学低年级阶段，家长最好陪着孩子一起完成课后作业，这点非常重要。即便家长是职场人士，工作非常繁忙，也应该利用做晚饭的时间，让孩子到厨房来，尽量在家长眼前完成作业。

如果孩子在自己房间关起门来写作业，家长就没法观察孩子在干什么，是否在学习。如果是男孩子的话，没有家长的监督更容易松懈。所以，我认为，为了更好地督促孩子学习，在小学低年级阶段，家长不妨让孩子在厨房、餐厅或客厅里学习。这样的话，一方面可以更好地监督孩子完成作业，另一方面也是陪伴孩子的一种方式。

孩子从幼儿期到小学低年级阶段，是语言学习的重要时期，让孩子一直处于家长的关照之下，与家长在客厅里一起学习，孩子的进步就会很大，学习效果也会很好。

家长问："这个字怎么读啊?"

孩子说："红色。"

家长问："你还知道其他的颜色吗?"

孩子说："蓝色、绿色、黄色、紫色。"

家长说："这些字你都会写吗?"

孩子说："我好像不会写紫色，其他的颜色我都会。"

家长说："那你试着写下来吧。"

在亲子对话的同时，孩子既学习了字词，又练习了语言，还在一问一答之间，也锻炼了会话能力。

如果孩子把所有的字全都写出来了，家长一定要表扬他："好棒啊！都写出来啦!"得到了家长的鼓励，孩子是非常高兴的。如果是求知欲非常强的孩子，家长还可以趁机把"紫色"的写法也教给孩子。

家长可以说："你想不想学紫色怎么写啊，'紫'这个字非常难写，很多哥哥姐姐都不太会写呢。你要是学会了，那可是太厉害啦！”

每个孩子的心里都有一个强烈的愿望，“我想变得像大人一样”，如果他们能写出连哥哥姐姐都不太会写的字，一定非常有成就感。

小学低年级阶段的孩子还是很喜欢家长陪他一起学习的，他会认为，“能和爸爸妈妈在一起，可真开心啊！”“我要是学得很快，爸爸妈妈就会特别高兴，我也会特别高兴。”在这样的气氛中，孩子就能逐渐取得学习进步。

在小学低年级阶段，家长陪孩子学习，就是为了让孩子感到“学习是快乐的”，从而产生“我喜欢学习”的感受。

要善于发现并经常表扬孩子所擅长的事

在孩子处于幼儿时期时，无论是学会了新本领，还是掌握了新技能，都会得到父母的夸奖：“你都会拼音啦！”“你都会写这么多字了！”“你都会加法啦！”当孩子听到父母的赞扬时，就会觉得自己做成了一件了不起的事情，非常高兴。

当孩子升入小学后，家长的态度随之改变，认为“学生学习知识都是理所应当的”。这样，家长对孩子“有能力的部分”就会视而不见，而只关心孩子“能力不足的部分”。

家长会认为孩子“不能面对挫折”“不能静下心来做事”“不能收拾好自己的房间”等，总之，对孩子的不足之处百般挑剔。其实，如果家长能够设身处地想一想，就能发现孩子的失落之处："为什么家长只看到我不足的一面，而不再夸奖我了呢?"

所以，家长应该这样想："孩子虽然不太会收拾自己的房间，但是他很擅长学写字，已经会写很多字了，而且数学也学得非常好。"

这个世界上并不存在学习好、运动强、特别听话，还能把自己的房间收拾得干干净净的完美小孩。家长如果希望自己的孩子成为完美小孩，简直就是在做白日梦。一个孩子身心健康，而且有一两项擅长的科目，就算得上是一个很棒的孩子了。

家长应该在孩子小学低年级的时候，经常表扬孩子做好了自己擅长的事，逐渐培养孩子的自信心。

让孩子背诵课文和进行抄写练习

小学语文老师一般都会要求学生将重点课文熟记于心。大部分成年人可能会认为："背诵课文太难了，我根本做不到啊!"但是，**对于记忆力正值巅峰时期的小学生来说，经过反复记忆，背诵课文并不是什么难事。**

通过背诵课文，能够大大提高孩子的语言水平和写作文的能力。孩子的语文学习是基础学习能力里最重要的一环，所以，家长不妨让孩子多练习背诵。

但是，背诵只对能够流利阅读的孩子适用。如果孩子连基础的汉字都读不通顺，就强迫孩子进行背诵练习，恐怕就是强人所难了。如果家长先给孩子读课文，让孩子通过聆听而记忆，之后再通过自己的阅读来背诵的话，则更是要求孩子达到一定的文字阅读水平和书写水平。

在家长要求孩子背诵课文之前，首先应该要求孩子大声地朗读课文，当课文读得很通顺了之后再背诵，效率会非常高。

要想提高孩子写作文的能力，抄写文章的练习是十分有效的。家长可以每天让孩子抄写教科书或小学生报纸杂志的内容。这样做不仅能够使孩子提高对于文字的理解能力，还能增强记忆能力。

孩子在抄写的过程中如果遇到不认识的字，可以查字典，这样他查阅字典的能力也能得到锻炼。孩子在使用字典时，家长可以教他用即时贴来记录。孩子一边查字典，一边写即时贴，不断积累。当孩子看到自己写了这么多即时贴，心里会非常高兴，浑身充满干劲儿。

在学习汉字的过程中，孩子需要不断地进行抄写练习。语文学习就是这样，抄写的遍数越多，写字的能力就越强。此外，家长不能让孩子机械地抄写词语，而要让他进行系统的字词句的记忆，才能取得较好的学习效果。

家长可以帮助孩子把一个类型的汉字放在一起记忆，比如把描写颜色的“红、绿、白、金”放在一起；或把描写身体器官的“目、口、耳、手、足”放在一起；把描写大自然的“空、天、雨、日、月、山、川、土、木、林、森、竹”等放在一起。孩子在背诵的时候，可以同时想象着颜色、身体器官或自然的形象，通过这样的文字分组，孩子能够记得更深刻。

让孩子通过口算、心算、珠算练习来提高计算能力

计算能力是小学低年级学生最应该具备的能力之一。计算能力是可以通过不断地练习而提高的，因此，每个人都能通过刻意练习而具备计算能力。

口算是最简单的计算练习法，**口算练习的要点是计时。**家长可以用表或厨房计时器定好时间，当计时器发出铃声提醒时，就在孩子身旁喊口令："2 分钟到啦!"或"1 分钟到，提前做完啦!"对于孩子来说，这样的练习就像在做游戏一样，充满了乐趣，孩子也会百做不厌。

在这样的练习中，孩子可以和兄弟姐妹比赛，和父母争个高下，而因此喜欢上数学。

对于计算能力稍差的孩子，家长也不要着急，要充分地信任孩子，采用适合他们的方法，因材施教才能达到最好的效果。家长可以让孩子从自己能完成的部分开始，然后逐步提高难度，最终使孩子能够熟练而快速地完成口算练习。

如果家长操之过急，要求孩子一上来就做复杂的口算题，孩子解不出答案，就会因此不断地产生挫败感，觉得"我数学很差"，家长的教育对孩子的学习就起了反作用。摧毁孩子的自信心是要不得的，所以家长一定要使用最符合孩子水平的最恰当的方法。

当孩子已经可以对简单的口算题的答案脱口而出后，一般会都主动对家长说：“让我试试更复杂的计算题吧！”这时，家长应满足孩子要求，适当提高计算难度就可以了。

其实，即使孩子到了小学高年级，家长依旧可以使用口算练习法提高孩子的计算能力。就像本章最开始所讲的那样，在每天学习一开始，通过做口算题给大脑热身，孩子的学习效率就会有所提高。

家长还可以给孩子买一些计算练习册。通过大量的计算练习，孩子的计算能力一定会提高。不过，在孩子做练习册中的习题时，家长最好不要计时。

此外，算盘也是一个很好的计算工具。我上小学的时候，老师教会了我们如何使用算盘进行计算，那时候我的计算速度非常快，只要看到计算题，我的脑海里就会浮现出算盘的算珠，只要在心里上下拨动算珠，我立刻就能心算出结果。所以，家长不妨让孩子试试学习珠算，来提升计算能力。

有的孩子能够顺畅地用算盘进行计算，但有的孩子则不然。我弟弟就是这样一个例外，他虽然跟一位教授学习过珠算，但他却十分讨厌算盘。我猜可能是这种方法并不适合他吧。对于我弟弟来说，是口算练习使他的计算能力得到了提高。所以，家长应该意识到，孩子对学习方法的接受程度各不相同，家长有责任帮助孩子选择一个最适合他的方法，来提高计算能力。

给“坐不住”的孩子进行“坐得住”的训练和教育

以前，有种现象在学校里可能很少见，但现在却时有发生，那就是有的学生在上课时会站起来，在教室里走来走去。这样的孩子大多是有多动症倾向的。

其实，在多动症的发病因素中遗传占很大比重，所以从生物学角度来看，很难解释为什么在数十年间激增了那么多的多动症儿童。可能以前也有一些孩子有轻微的多动症倾向，但是由于以前在学校和家里，老师和家长对孩子都非常严格，所以孩子克制住了自己在上课时站起来走动的冲动。

其实，我自己小时候也有多动症倾向，在家里时根本在椅子上坐不住，时常坐一两分钟，就得起来溜达一圈。但是我小时候所受的教育是“在教室里就要老实坐着”，所以我坚持端坐在课桌后面（小学一年级的时候，我也曾上着课就忽然站起来，在教室里走一圈）。我想，那个时候有很多的同学其实是和我一样的，老师也不认为学生有多动症倾向，而是觉得“这个学生太淘气了，总是坐不住”。

只是坐不住的有多动症倾向的儿童可以通过一定的训练而有所改善，所以，家长不要认为“不能给孩子一点儿压力”，而是要“着眼于未来，给孩子逐渐地施加一点儿压力”，要求孩子安安稳稳地在椅子上坐一段时间。

如果孩子无法在椅子上安安稳稳地坐 1 个小时，那么连平时的考试也很难完成，更不要说升学考试合格甚至被高分录取了。

有多动症倾向的孩子虽然有坐不住的缺点，但是他们的优点是好奇心旺盛，对各种事物都充满兴趣。所以，家长要多观察孩子的长处，帮助孩子发挥自身的优势，不断取得进步。

家长应该观察孩子真正的兴趣所在，如果孩子放弃了某一个兴趣点，那就让孩子投入下一个兴趣点。这也是爱迪生母亲的育儿方式。如果“坐不住”的孩子一直充满好奇心，他们就会觉得，“虽然坐下来有点辛苦，但是学习还挺有趣的”。因此，让“坐不住”的孩子一直保持好奇心，是家长帮助他们的最佳方法。

给坐不住的孩子讲讲爱迪生的故事

爱迪生小时候对每件事都是三分钟热情，转过头就去做另一件事了，但爱迪生的母亲却觉得，孩子这样做并不是坏事。她主动迎合小爱迪生的兴趣，配合他的步调。因此，爱迪生即使对每件事只有三分钟的热情，却能在这三分钟之内比别人投入百倍的专注力。就这样，他最终成为世界上最著名的发明家之一。

所以，在孩子坐不住的时候，家长不应该斥责孩子“你给我老实坐下”，而要告诉孩子“发明家爱迪生小时候其实也总是坐不住呢”，不要对自己“坐不住”的行为感到焦虑，可以先试着稳定下来。

当孩子安稳下来后，家长就可以给孩子讲爱迪生的故事了——

小爱迪生拥有那么多兴趣，却能够投入百倍精力在每一个兴趣上。虽然他总是很快就厌烦了一项学习，但是在学习的五分钟内，要比其他同学更用功、更投入。他并不是对学习厌倦了，而是对一个科目厌倦了，就去学习另一个科目。他充分利用了每个 5 分钟，专注于每门功课。

小爱迪生还是一个求知欲特别强的孩子，对于不懂的事物一定要刨根问底，弄个清楚。他总是带着“这是为什么呢”“那是什么原因呢”等问题去请教别人。有时候，学校里的老师被小爱迪生追问得烦了，就会对他说：“连这么简单的问题你都不知道答案，你真笨啊！”但是，爱迪生的母亲却不这么认为，她觉得是学校老师的教学方法有问题，于是决定自己教孩子，这时她才发现，原来爱迪生是一个非常勤学好问的孩子，对于不明白的事情一定会反复追问。这样的孩子怎么会笨呢，他才是聪明的孩子啊。

家长可以告诉孩子：“在学习的时候，如果有不懂的地方，并不说明你很笨。你应该像小爱迪生那样，遇到不明白的地方就提问，直到自己弄懂了为止。所以，有问题就尽管来问爸爸妈妈吧，我们会帮你把问题弄明白的。”

在家长的理解和引导下，孩子有不懂的地方就及时提问，这样就不会带着知识的漏洞进入以后的学习了。

让孩子知道有高智商不一定就有好成绩

有些家长会让孩子在小学阶段进行智商测试，以确认孩子的基础智力水平。但是，很多智商测试得高分的聪明孩子，并不见得在考试中就能拿到高分，往往在高考时考入普通大学。

为什么会有这样的结果呢，可能是因为人的潜力和所能取得的成绩并不是正相关的。

有一位职业棒球运动员，他短跑的速度非常快，甚至超过了一些参加奥运会的田径运动员的水平。因此，棒球队教练让他担任跑垒员。但是，这名善于奔跑的运动员在比赛中却无法发挥正常水平，助力球队取得胜利，三年合同期满就退役了。因此，作为运动员只有运动天赋是不够的，后天的学习和训练同样重要！

在棒球比赛中，运动员要根据场上的情况来决定自己应采取的战术。这名运动员虽然拥有很强的跑步能力，但他没有掌握比赛的要领，那么无论奔跑的速度有多快，也无法胜任跑垒员的角色。

无论是智商测试取得高分的孩子，还是天资聪颖的孩子，都不见得能够取得考试的成功。如果家长不能理解这一点，就有可能把孩子培养成为各方面素质都不错，但是偏偏考试成绩不好的学生。

即便是当运动员，只有运动天赋也是不够的，

后天的学习和训练同样重要！

即使孩子很聪明，但如果仗着自己的头脑聪明而不勤于学习，那么再聪明的孩子也会被其他勤学的孩子所赶超，而失去自己先天的优势。因此，家长一定要趁孩子还处于小学低年级的阶段，就要帮助孩子养成良好的学习习惯，具备勤奋学习的精神。这一点非常重要。

让孩子正确对待玩电子游戏和浏览网络

有的家长认为，孩子只要一玩上电子游戏，就肯定会整天宅在家里。对于"宅"现象最在行的精神科医生齐藤环博士却有不同的看法，他从没有见过因为玩电子游戏而成天在家、不与外界接触的孩子，这些孩子并不是因为喜欢玩游戏而成天宅在家里不出去，而是因为讨厌学校才躲在家里，实在无聊没事做，才打游戏消磨时间的。

对于这样的孩子，如果突然不让他们玩电子游戏，他们就会陷入无所事事的状态，甚至有可能去浏览一些不良网站。

如果家长不去了解孩子宅在家里的真正原因，不从根本解决问题，而只是简单粗暴地不让孩子玩电子游戏，什么问题也解决不了。

电子游戏本身是没有"罪"的，三四十岁的家长可能也很喜欢玩电子游戏，允许孩子打游戏并不会造成孩子成天宅在家里不出门，玩物丧志。所以，如果孩子实在想玩的话，家长不妨和孩子约定一个时间——这一点很重要——允许孩子玩一会儿游戏后再去学习，这样做可能效果会更好。

让孩子正确认识电视节目中的人和事

如果孩子非常想看电视，家长可以和孩子先定好规则，约定“每天看一个节目”或“每天看 30 分钟电视”，孩子具体看哪个节目，家长就不用要求了。

可能家长更喜欢看知识性或访谈类的电视节目，但是在约定的时间内，请以孩子的喜好为主。孩子无论是看歌舞节目、搞笑节目，还是综艺节目，都未尝不可。但如果家长发现孩子从电视上受到了不好的影响，形成了负面价值观，就一定要介入，根据具体情况，来限制孩子看哪些电视节目。

在一些综艺节目里，笑星为了搞笑而做恶作剧，甚至把人当猴子一样戏耍，这样的表演和在学校里欺负弱者的行为没什么区别，都是通过捉弄别人而取乐。

家长不能让孩子们认为“只要做点蠢事，就能逗别人发笑”，所以要适时地给孩子解释：“那个人是靠演技来演出来的傻劲儿，那只是他的工作。”这样孩子就知道了，要是不想成为职业笑星，就不应该模仿那样的愚蠢行为。

另外，孩子总会觉得“只要在电视里、视频里出现的人都很了不起”，所以如果电视里的批评家大言不惭地说“从名牌大学毕业的很多人都是废物”或“现在的医生都不会为患者考虑”，孩子听到这些言论，有可能真的会接受这样的观点。所以，家长要告诉孩子，不要认为“电视里和视频里出现的人所说的话都是正确的”，这一点非常有必要。

正因为被视作“小皇帝”，就更要勤奋学习！

关于让孩子正确对待玩电子游戏、看电视和上网，家长要多做一些引导教育，因为在孩子心中，父母是无所不知、无所不能的。处于青春期的初中生可能对家长的观点有所抵触，但在小学低年级阶段，孩子对于父母是十分信任的，家长的观点比电视、视频里的人说得要更可信。

帮助孩子免遭校园霸凌

小时候我是个孱弱的孩子，经常遭到同学的欺负，所以我对校园霸凌有亲身体会。说到校园霸凌现象，其实是分不同类型的。我所遭受的并不是暴力型的霸凌，而是常常被同学嘲弄，或排挤在小圈子以外。

如果您的孩子在校园里遭遇了霸凌行为，比如有同学威胁他“你明天从家里拿点钱给我”，家长一定要保护好孩子，使孩子免遭校园霸凌。

家长首先要做的就是将实际情况告知学校或教委，请校方着手应对校园霸凌事件。由于这种胁迫要钱的行为实际上已经涉嫌犯罪，所以家长要告知学校：“我们会报警。”这是家长为了保护孩子，而应当采取的正确行动。

但是，有一些校园冷暴力尚未达到犯罪的程度，只是同学间的嘲讽或排挤。当您的孩子遇到冷暴力型的霸凌，家长应该做的不仅仅是出面干预或解决问题。如果觉得自己的孩子被欺负了“很可怜”，那么家长与其在孩子被欺负之后去解决问题，倒不如使孩子具备免遭校园霸凌的能力，或在遭遇冷暴力时有独立解决问题的能力。

家长要告诉孩子，如果遭遇校园霸凌，首先一定要告诉父母，并知道向谁寻求帮助；如果被同学讥笑嘲讽，应该如何应对；对那些欺负人的同学最好的“报复”，就是在学习上超过他们。**家长最需要做的，就是培养一个不怕问题、能解决问题的孩子。**

但令人遗憾的是，即使孩子长大成人、步入社会，仍有可能在职场上遇到类似的情况。所以，**孩子需要锻炼能够忍耐嘲讽、忍受排挤的能力。**

家长想要孩子在遭到校园霸凌后及时告诉自己，就要每天和孩子聊天谈心，让孩子讲一讲在学校里发生的事情，以便及时了解情况。家长还要知道，当孩子真正遭到校园霸凌时，其实是很难向父母开口的。这时家长应该及时觉察到孩子的异样，关切地询问孩子：“今天在学校是不是出什么情况了？”这样孩子就会告诉家长，今天在学校里和同学吵架了，或被人嘲讽捉弄了等等。

如果孩子已经是高年级的小学生了，家长忽然开始问孩子每天在学校发生了哪些事情，孩子可能一时难以与家长顺畅地交流。所以，**家长应该从孩子上小学低年级开始，就养成每天和孩子聊聊天的习惯，让孩子说一说一天里发生的事情。**

小学四至六年级阶段

天资聪明的孩子升入四年级时要注意的事

在小学低年级阶段，有些天资聪明的孩子看一看教科书的内容就立刻理解了，老师上课所教授的知识很快就学会了，考试成绩也能比其他同学高很多。对于这样的孩子，家长不仅要让他们有“我很棒”“学习很快乐”的态度，还要逐步给他们加大学习量，以使他们顺利完成小学高年级的学习。

小学四年级的课程内容是比较难的，对于这些聪明的孩子来说，他们忽然发现上课时老师的授课内容难以理解了，考试时以前成绩不如自己的同学忽然考到前头去了。这样的情况很容易使那些聪明的孩子的自信心受损，他们变得讨厌学习，成绩一路下滑。

这时，家长要及时帮助孩子渡过难关，告诉孩子，你的成绩忽然下降是因为你学习不够刻苦造成的，如果你能够振作精神，好好学习，就一定能赢回自信。虽然孩子不能立刻提高成绩，但只要家长能够教导、督促孩子下功夫努力学习，天资聪明的孩子就有可能在中考时逆转取得胜利。即使中考时仍未能逆转成绩，也可以在高考时拼一拼，同样也能考入优秀的大学。

拥有聪明的大脑是难能可贵的天赋，如果孩子浪费了这不可多得的天赋，是非常可惜的。而聪明的孩子只要通过努力，就能比其他人取得更好的成绩。也希望家长和孩子都不要拘泥于一时的分数，而要着眼于“让学习成为一种习惯”。

帮孩子避免被“9 岁门槛”绊倒

所谓“9 岁门槛”，指的是孩子在九岁到十岁的年纪，大脑的发育会出现一个平台期。

有些孩子会被“9 岁门槛”所绊倒，突然出现学习停滞、成绩下降的情况。这时孩子正处于小学三年级、四年级，学习成绩会因此立显高下。

如果孩子顺利跨越了“9 岁门槛”，他的抽象思维能力就会大大提高。这时，孩子就具备了对事物和概念的抽象思维能力。

比如，孩子能够理解以下几组词语的意思和区别：原因和结果，全体和部分，现实和想象，目的和手段，前提和结论，肯定和否定。另外，孩子对计算题的理解能力也会增强，在得知前提条件后就能得出结论；在解答图形问题时，能够在理解全体和部分的基础上解答问题。当孩子做语文题时，能够理解作者的意图和文章的中心思想；对作者想表达的观点，能够准确地领会。

如果孩子的大脑还没有发育到抽象思维的阶段，就很难读懂数学应用题或图形题的题干，对语文的阅读理解题也很难正确解答。在未来理科或文科的学习中，学生既需要具备背诵能力，也需要具备抽象思维能力。

孩子在小学三年级之前，只需要会做简单的计算题，会背九九乘法表，能写简单的字词。如果孩子的计算速度很快，掌握的字词很多，大家就会夸他是一个“聪明的孩子”。但是，很多“聪明的孩子”在上小学四年级以后，有可能对应用题和阅读题的理解有困难，因此学习成绩会下滑。

其实，**孩子的背诵能力和计算能力是可以通过大量的练习而提高的**。如果进行了大量的计算练习，那么计算速度会提高；如果进行了大量的字词练习，那么大多数的孩子都能掌握字词。但是，孩子在小学四年级以后的学习不再仅仅是以背诵和计算为主了，也不仅仅只要有个好脑子和好笔头就能考出好成绩。所以，如果家长想让孩子适应这样的学习和考试，适应社会的发展要求，就要帮助孩子具备抽象思维能力。

当孩子进入9岁年龄段，同班同学生日的先后区别就显现出来了。那些9月至11月出生的孩子，在小学四年级开始不久就陆续满10岁了，就能轻易地跨过“9岁门槛”，熟练运用抽象思维的方法，对于应用题和阅读题的理解就很顺畅。而6月到8月出生的孩子，他们在升入小学四年级时才刚刚9岁，抽象思维能力还不是很强，就有可能出现学习吃力，跟不上其他同学的情况。

当然，孩子各方面的发展是有个体差异的，尤其在小学阶段，个体的差异可能会很大，有的孩子在七八岁的时候就具备了抽象思维能力，而有的孩子可能到十几岁时抽象思维能力还不是很强。

如果孩子的大脑发育尚未达到抽象思维的水平，就很可能出现由于不能理解题目的意思而考试失利的情况。所以，如果孩子正处于小学四年级，家长就要密切地关注孩子，了解孩子在解答数学应用题和图形问题时是否有困难。

有些孩子的抽象思维能力可能还没有发展好，学习成绩有所落后。如果家长忽略了这个因素，给孩子加强学习辅导，孩子很可能因为学习跟不上而使自信心受到打击，从而出现厌学情绪。

在考试中，经常出现以下形式的考题：在地理考试中，孩子需要有理解图表意义的能力；在数学考试中，孩子需要读懂应用题，并且有利用数学公式、图形以及表格来解题的能力，在解答图形问题时，会借助辅助线，这就要求孩子有很强的逻辑思维能力。

我们的目标是让孩子进入一所优秀的大学，所以，家长不用急于孩子在一两年的时间里暂时落后，而要根据孩子大脑的发育情况，用适合的办法来帮助孩子提升成绩。

被“9岁门槛”绊倒的孩子要多进行背诵练习

被“9岁门槛”绊倒的孩子有可能在学习方面比较迟钝，但儿童的智力发展是有规律的，即9**岁以下的孩子单纯的记忆能力非常强，9岁以上的孩子随着抽象思考能力的提升，记忆能力反而会下降**。9岁以下的孩子处于记忆能力的巅峰时期，想背诵一些东西毫不费劲，他们强大的记忆能力是连大人都自叹不如的。

所以，对于被“9岁门槛”绊倒的孩子，可以让他们多做背诵练习。这样，即使孩子在做语文阅读题时因理解不了题目而失分，但只要对于语句的记忆深刻就能拿回分数，整个卷面的总分仍能保持较高水平。对于抽象思维能力未充分发展的四年级学生来说，家长不妨让他们提前背会小学阶段需要学习的所有字词。有些孩子对语文特别有兴趣，家长甚至可以让他们连中学的字词也一并背会。

在小学阶段，虽然多位数的计算练习并不多，但是家长可以让孩子做一些五位数、六位数的加减乘除练习。当孩子顺利解答出这些计算题的答案之后，就会产生“虽然我读不懂阅读题的题目，但是只要做数学题，其他同学都比不过我。再难的数学题我都会做”的想法，当孩子拥有了这样的自信之后，就不会对数学产生厌烦情绪了。孩子对于语文和数学的学习都有绝对的自信时，当他的大脑发展达到了抽象思维阶段，他自然而然地就能看懂阅读题、图形题和应用题的题目了。

对于孩子来说，最糟糕的就是失去了自信心，认为“我不行”。如果家长能够帮助孩子进行背诵练习，让孩子知道，自己即使不会答阅读题，但是数学学得非常好，这样，孩子就能保持自信，相信“我能行”。

让孩子在 9 岁前开始学英语

如前所述，在大脑未发育而具备抽象思维能力时，孩子正处于记忆力的巅峰时期。我们不妨利用大脑的这个特性，让孩子开始学习英语。语言的习得在早期教育中是拥有压倒性优势的。

家长要知道，语言能力的习得并不能只靠老师教授语法和单词，还要靠孩子模仿他人、背诵文章，只有这样，孩子才能有流利会话的能力。9 岁前是语言习得的最佳时期，小学低年级孩子对发音、语调非常敏感，在这个阶段孩子开始学习英语，他们的英语发音和语调会非常标准。

因为孩子是通过听声音而不是通过思考来记忆的，如果家长能让孩子多背诵英语文章，他们的英语水平也会提高得很快。

另外，很多英语老师的教学方法是让孩子背单词，其实让孩子多背诵短句或文章，孩子的会话能力提升更快，还能学会在什么样的场合应该说什么样的话。

让孩子经常进行大脑锻炼

我在地铁车厢里看到过一条广告语——“让正方形的大脑变成圆形”，意为让大脑从墨守成规的方形变成更具有灵活性的圆形。拥有更灵活的思维能力，才是孩子在未来生存的要领。

小学生的大脑是非常具有潜力的，如果大脑能够得到充分锻炼，在孩子长大成人后，大脑就能发挥重要作用。同时，每个人在备考时所准备的所有知识，在他的一生当中也会发挥重要作用。

家长要让孩子接受大量的知识并努力记忆，在这样的过程中，孩子就会对学习的内容产生兴趣，对学习充满干劲儿，大脑中储备的知识更加丰富，对于事物的理解能力也会提高。

和孩子一起应对学习难题

小学低年级阶段，语文是以字词句的读写为主，数学是以计算题为主的学习。到了小学高年级和初中阶段，孩子学习内容的范围就变得更广泛了。

对于语文学习来说，学习的内容不局限于文字的意思，而更广泛地扩展到小说、议论文、诗歌等的阅读理解，作文也要求具有更强的表现力。

对于数学学习来说，学习的内容不仅包括计算，还增加了比例问题、图形问题、推理问题、还原问题、追击问题等，以及概率、集合、数列等，内容也更加广泛。

在小学低年级，孩子可以凭自己的努力而掌握语文和数学的学习内容，但到了小学高年级和初中，各学科的学习内容包罗万象、难易不一，孩子学习的难度更大了，而且每个孩子都存在知识的薄弱点，是不可能对所有学科都能熟练掌握的。这个时候，家长不能只看到孩子“语文成绩很差”或“数学成绩很好”，而要了解自己的孩子，知道孩子最擅长和最薄弱的是哪几门学科，并具体看到孩子的语文或数学哪里存在漏洞，哪里掌握得很好，帮助孩子查缺补漏、扬长避短。

头脑聪明但不爱学习的孩子的三个特点

在我们身边经常会有一些非常聪明但学习成绩很一般，还可能厌学的孩子，这样的孩子有三个共性：

第一，轻视学习；

第二，觉得背诵非常无聊；

第三，没有养成良好的学习习惯。

近年来，有一些学习成绩优秀的孩子会轻视学习，觉得“学什么都太简单了”。对于这些轻视学习的孩子，有必要让他们参加一些难度较大的考试，给他们“敲敲警钟”，让他们体会一下“当头棒喝”的感觉，让他们不再轻视学习。

聪明的孩子往往不喜欢背诵，所以对于需要大量记忆的科目不感兴趣，不愿意去做背诵训练。对于这种情况，家长要帮助孩子认识到，虽然背诵十分无趣，但是背诵是提高考试成绩的必由之路。**当孩子慢慢体会到“我背诵了，成绩提高了，真高兴”的感受之后，他们就会认识到背诵是学习的一个重要的**环节。

有些聪明的孩子并没有养成良好的学习习惯，因此，从孩子小学低年级开始，家长就要有意识地帮助孩子养成爱学习的好习惯。

培养爱学习的习惯，要从孩子擅长的科目开始。孩子因为擅长某一门科目，对这门课的学习就会很感兴趣，爱学习的习惯就会在不知不觉中逐渐养成。

但是，孩子可能只爱学擅长的科目，不爱学不擅长的科目。所以，家长在帮助孩子培养学习习惯的时候，要让孩子不仅要**把擅长的科目学好，也要把不擅长科目学扎实。**

孩子在进行不擅长科目的学习时，即使学习时间很短也没问题，重要的是每天都要坚持。家长可以告诉孩子，“就算只学习 5 分钟也可以，每天坚持就好”或“学 10 分钟就可以，现在开始做吧”，继而让孩子逐渐增加不擅长科目的学习时间，帮孩子避免因不擅长的学科分数太低，而总成绩被拉低。

帮助孩子具备应试能力

有的孩子平时并没有厌学的想法，但考试时总是很难发挥出正常水平。所以，家长要培养孩子应对考试的能力。

要帮助孩子成为善于考试的人，家长要在三个方面找到对策：

第一，提高成绩的对策；

第二，避免出现失误的对策；

第三，应试方法。

依据这三条对策，孩子就能在考试中发挥正常水平，并逐步提高考试成绩。对小学生来说，家长要帮孩子制定考试对策，再教会孩子如何执行；中学生则可以自己来制定和实施这三方面的对策。

家长不妨利用模拟考试，来验证应试对策的成效。模拟考试与正式考试的各要素都非常相似，因此，家长只要分析模拟考试的情况，就能了解孩子到底是哪方面的知识出现漏洞而失分。家长要帮助孩子分析考题，并找到解决的方法，这样就能把孩子培养成擅长考试的学生。

当孩子出现模拟考试成绩比平时成绩低的情况，家长可以问问孩子：“为什么解答不出来呢？是不是紧张了？”

书山有路勤为径。

如果孩子确实是因为考试时紧张导致发挥失常，那么家长就有必要采取一定的对策解决这个问题；如果孩子在模拟考试中，简单的问题出现了失误，那么就要采取针对答题失误的对策；如果孩子在规定的考试时间内没有答完考题，家长就有必要将应对考试的战术教给孩子。

无论您看重模拟考试的成绩，还是认为“不必在意分数”，都要为了之后的正式考试，有效地利用模拟考试。

小学生只需要在六年级毕业前具备善于考试的能力就可以了。**家长和孩子都不必过分在意其间或起或落的过程，只需要把成绩的起伏看成是“为了发现知识漏洞的过程”**。在小升初考试之前，无论模拟考试的成绩是好是坏都无所谓，只要找到知识的漏洞，不断发现问题并解决问题，孩子的成绩就能进步，就能在小升初考试时考出理想成绩。

家长和孩子可以把这种做法延伸到高考，也就是说“孩子只要在 18 岁之前，通过努力具备高考成绩优秀的能力就可以了”。到高考的前一天为止，只要孩子能够不断增强实力，并能够在考试中正常发挥，那么就能够在高考时取得好成绩，考入理想的大学。

请孩子许下学习进步的心愿

对于单纯的小学生来说，具有神奇魔力的“许心愿”十分有效。家长可以请孩子在重要节日或自己过生日时许下心愿，并告诉孩子“只要你努力学习，一定会得到回报，学习进步的愿望一定会实现”，这样家长就将孩子努力学习和实现愿望结合起来，引导孩子努力变得更优秀。

如果家长在考试当日有一些特别的举动的话，有可能会让孩子感觉有压力。所以考试当天家长要一如平常地对待孩子，让孩子在同样的时间早睡，在同样的时间早起，如平常一样吃早饭。这样，当孩子参加考试时，也会发挥正常。

如果考试当天需要较平时早一些起床的话，家长就要在几天之前帮孩子调整作息时间，提前让孩子适应提早起床。

即便如此，有的孩子在考试前还是会出现紧张或兴奋过度的情形，而辗转难眠。要知道，即使一个人一整天都不休息，也能够在考试中正常发挥。

如果孩子在考试当天早上说：“我昨天晚上一夜没睡。”家长可以告诉他：“人就算一整天都没睡也没关系。有时候越是睡眠不足，越能发挥出色呢。”这样既能让孩子安心，也能鼓励孩子放轻松。

家长还可以安慰孩子：“估计其他同学可能也都睡不好呢，所以大家都一样，不用担心啦。”

帮助孩子学会运用应试方法

经常有应考达人这样传授经验：“**在正式考试的时候，不要一拿到考卷就立刻动笔，最好先从头到尾大致看一下，然后从**

最擅长的题目开始答。”

从会做的题做起，而不是从第一道题做起，这是考试的铁律。因为如果一开始就碰到不会解答的题，很容易消耗很多宝贵的时间。等答到后面，碰到擅长的题目时，却可能因为时间不够而来不及作答，这样考试的分数就被拉低了。

另外，如果一开始答卷就碰到一个棘手的难题，考生很容易产生焦躁的心态，到后面有可能连平时擅长的题也答不上来了。

为了不让考生在考试时产生焦躁的情绪，最好的方法就是让他们从简单的题开始解答，当他们逐渐进入考试状态，就连比较难的考题也有可能被正确解答出来。

在这里要注意的是，前文中提到的“简单的问题”可能对于不同的孩子来说，情况也不同。有的孩子非常善于计算，计算题对他来说就是简单的题型，那么他先从计算题开始答卷会比较轻松。但是有的孩子可能计算比较慢，而更善于解答图形题，那么他也应该按照自己的节奏答卷，先从图形题着手会更有效率。

在解答语文试卷时，考生一般都比较擅长字词题和知识性问题，从这些题型开始，答题就会十分顺畅。有的孩子可能更擅长做阅读题，在这种情况下，他就应该先做后面的阅读题，争取拿到尽可能多的分数，“最后剩下 10 分钟的时候，如果其他的试题答不上来，那就回到试卷最开始的地方做字词题”。凭借这样的应试方法，孩子就可以在有限的考试时间内，拿到最多的分数。

因为每一个孩子的兴趣侧重点不同，能力强弱也不同，所以家长的责任就是认真观察孩子，了解孩子的擅长之处和薄弱之处。家长应该了解自己的孩子哪个科目最擅长，哪一种题型解答起来最花时间。在了解了孩子的能力之后，家长就应该认真思考如何制定针对不同科目、不同题型的应试方法了。

考生应用不同的应试方法，最后获得的成效也有所不同。**对参加考试的考生来说，并不见得“拥有聪明的头脑”就能取得好成绩，“是否掌握应试方法”才是直接影响考试成绩的因素。**所以，家长们应该协助孩子，不断探索适合自己的应试方法。

帮助孩子找到答题出错的原因

如果一个学习有实力的孩子在每次正式考试时都发挥失利，这往往是因为他在解题时出现了失误。

人在紧张的时候，经常会犯不应该犯的错。但是，每次出错并不一定是偶然的，有些错误往往有共性。**小学生一般很难分析出自己为什么出错，这个时候家长就要站出来，注意观察孩子在模拟考试和平时学习过程中的表现，找出孩子的弱点，总结孩子在答题时经常会出现哪类失误，并和孩子一起分析出错原因。**

比如，在答数学题时，孩子经常会出错的是递增或递减的计算错误，出错的原因是没看清题目中的条件。为了孩子在以后的考试中避免出现类似的错误，家长就要让孩子多进行递增或递减的计算练习，帮助孩子找出应对失误的具体方法：“读题目的时候要认真仔细，要用笔在题目中的重要条件下面画线做记号。”

同时，家长不要因为孩子的失误而责备孩子，因为即使对孩子嚷嚷“你怎么不好好看题啊”，也不会使考卷上的错误消失，而不妨这样引导孩子：“既然已经出错了，也没办法了。但你一定要吸取教训，答题时一定要用到我教你的方法，不能再犯同样的错误哦。”这样孩子就会知道，出错并不是一件坏事，而同样的错误出两次就不应该了。此外，家长要帮助孩子以正确的方法多进行相关练习，使孩子不再出现同样错误。

家长不需要和孩子一起解题

小学生的家长其实并不需要和孩子一起解题，因为费脑子解题一点意义也没有，认真思考“我该怎样指导孩子理解这道题，指导孩子解题”才是智慧的家长应该做的。

家长可以在孩子读题、解题的时候，先翻看一下参考答案，然后思考如何给孩子讲明解题思路。

家长是不需要参加考试的，所以家长不应该和孩子以同样的视角思考问题，而应该以高于孩子的视角，思考如何帮助孩子理解问题、解答问题。

家长可以参考正确答案来辅导孩子

孩子在学习中反复纠缠于理解不了、解答不出的问题，甚至在一道题上花费10~20分钟的话，是最浪费时间的做法。

虽然反复思考难题是对大脑的一种训练，但是如果孩子一直用这种方法学习的话，我估计他很难考上理想的学校。

孩子之所以不会答题，可能是因为他对相应的基础知识掌握得还不够牢固，可能是因为他还没掌握某一类型的题目的解题思路，也有可能还有其他原因。但是，如果因为没有掌握相关知识的话，再花多长时间思考，知识也不会自己跑到孩子的大脑里。

小学生解一道题的平均时间为3~5分钟，如果孩子在规定的时间内没有想出解题的方法，家长就应该开始在参考正确答案的基础上指导孩子如何解题了。

对于小学生来说，正确的学习方法是理解题目含义，掌握解题方法，在正式考试前熟练运用解题思路顺利得出正确答案，这样他们才能逐步提高考试的成绩。

家长与其让孩子花30分钟殚精竭虑地为解题发愁，倒不如自己思考3分钟后翻看答案，将正确的解题思路教给孩子，并让孩子反复练习这类题目，充分掌握解题思路。以后孩子再碰到类似的题目时，就不用再浪费30分钟了，而可以利用这30分钟解答更多题目了；在正式考试时如果遇到同类型的试题，孩子只需要花三五分钟，就能顺利地得出正确答案了。

这才是高效的学习方法。让孩子浪费30分钟，还是有效率地利用30分钟，这个决定权是握在家长手中的。

但是，家长也要注意，**不能让孩子一碰到难题就立刻看答案**，尤其是在孩子写课后作业的时候，如果什么问题都照抄答案，就不能达到掌握知识的目的了。

让孩子先学习擅长的学科，以进入良好的学习状态

孩子的学习状态非常重要。当孩子状态好的时候，他干劲十足，学业也会进步。家长想帮助孩子进入良好的学习状态的话，强迫孩子学习他不擅长的科目可能适得其反，智慧的家长会让孩子先学感兴趣的科目。

当孩子学习自己感兴趣的科目时，就会很愉悦，不会轻易放下学习去干别的事情。对于喜欢理科的孩子，当他们解答出一道数学题时，会有一种赢了比赛的感觉。这样良性循环，孩子越学习，就越爱学习。而热衷文科的孩子也会因为兴趣所在，对问题进行深入的调查研究。

当孩子对自己喜爱的科目进行有效学习后，平时成绩一定会提高，在正式考试中，他所喜爱科目的成绩也会不断提高。

升学考试是总成绩的比拼，所以，当孩子喜爱的科目得分很高时，即使不擅长的科目分数偏低，总成绩也不会太低。**让孩子通过学习自己喜爱的科目，而进入良好的学习状态，在考**

试中拿到好成绩，这是一个有效的应试方法。

比如，如果升学考试时考三门课，总分300分，而及格线是210分。如果孩子很擅长其中的两门，在考试中各得了90分，而剩下的一门只考了20分，这样加起来总分只有200分，还是没有达到及格线。当孩子意识到只差10分就能合格了，虽然认为“那门课很没意思，不想学”，他还是会觉得这样的情形很可惜，认识到再努力一点点就过关了。这时候，孩子就会自觉去努力提高薄弱科目的成绩了。

如果孩子存在偏科情况，有一两门的成绩很优秀，他们就会想到“只要我学好了不擅长的科目，总成绩就能更好了。”只要孩子有了这样的觉悟，就会努力去学习薄弱的科目，就会更上进更好强，这样总分就一定能提高了。

我在上小学的时候，非常擅长数学，能拿高分，但语文成绩落后很多。我的这种状态持续了很久，虽然我的数学成绩比其他同学高很多，但是因为语文成绩一直在拖总分的后腿，总分一直比很多同学都低，排名也落在了后面。那时候，我为这件事很懊恼，于是奋发图强，努力学习语文，最后成绩就提高了。

让数学好的孩子重视背诵

在做数学试题的过程中，孩子常常会灵机一动解开难题，从而产生一种成就感，有时还会因此喜欢上数学。这也是学习过程中的一件乐事。

但是，能解数学难题的孩子，往往会认为只有数学才是高级的学科，而轻视语文、历史等记忆型科目。有的孩子可能受到大人的影响，认为在这个世界上“死记硬背是没用的，人的创造能力才是最重要的”。

虽然，我很认同，**人的创造能力和思考能力非常重要，但通过背诵而具备的记忆能力也同样重要。**

如果孩子只做自己想做的事，只想学自己擅长的科目，而不做自己不喜欢的事，遇到不喜欢的科目就想逃避，往近处说，他的升学考试总成绩不会太好；往远处说，当他长大成人走向社会，上司可能会交给他并不喜欢的工作，这个时候他肯定不能任性地“不做不喜欢的事情”，只能硬着头皮去做，从而很容易遭遇挫折。

我其实很理解孩子们，其实没人喜欢学不擅长的科目，但是我们还是要付出最低限度的努力。

对于那些精通数学而厌倦背诵的孩子，智慧的家长要在孩子意识到自己“讨厌背诵”之前，就督促他们勤奋一些，多做背诵练习。

如果孩子能够较好地进行背诵练习，不仅记住了文理科知识，也具备了较强的记忆力，从而在需要背诵来提高成绩的科目上取得高分。如果孩子数学能力很强，语文和英语成绩也不错，那么考上一流大学的概率就很高了。

给好胜心强的孩子找一个学习上的对手

有人说，如果孩子有一个竞争对手，就会更加好强上进。不过，不同性格的孩子可能情况不同。**对于好胜心强的孩子，当他面对一个学习上的对手，他就会产生“一定不能输”的念头，为了战胜对手而努力学习，成绩也会因此而提高。**

在我上中学的时候，我的一位同学虽然成绩只处于中游，但他在心里一直把名列全年级第一名的同学当作对手。我听说，这个同学经常以午饭为赌注，和年级第一比拼成绩，如果输了就给对方买午饭。

其他同学都觉得这位同学“根本没有胜算，高中三年恐怕一次也赢不了对手”。虽然他每次都输，每次都请年级第一吃午饭，但是他还是一次又一次地挑战对手，继续和他比拼成绩。

最后，这位同学居然一鼓作气考上了名牌大学，真了不起！他屡战屡败，屡败屡战，在向年级第一进行挑战的过程中，提高了自己的实力，最后成功考取名牌大学。

对于那些不服输、好胜心强的孩子，家长可以给他找一个学习优秀的同学作为对手，让他在考试中尝试挑战并争取超越对手。这也是提高成绩的一种好方法。

但是，如果找了一个出色的对手又屡次失败，孩子可能会觉得“我太弱了，比不上别人”，这样的学习竞赛伤害了孩子的自尊心，打击了孩子学习的积极性。

所以，家长在帮孩子挑选学习对手时，要挑和自己孩子水平相当而成绩稍好的同学。这样，孩子只要努力一下，就能赶超对手了。两个孩子还能互相交流、互相切磋，达到互帮互助、共同进步的目的。

如果小升初考试考入重点中学，孩子可能会觉得自己不如其他同学成绩好，因此失去自信。而如果考入不太理想的学校，孩子反而成了学校里成绩最好的学生，成了其他同学努力追逐的榜样，这时，在竞争的气氛中，他就可以与其他同学互相学习，互促学业进步。

“好好学习而成绩没提高的孩子”最后一定会成功

向我咨询考试经验、希望提高成绩的有两类学生，一类是“好好学习，可是成绩没提高的孩子”，另一类是“不好好学习，成绩也不好的孩子”。我总是会选择前者来进行指导。

有人认为，如果孩子“好好学习了，但成绩没提高”，那么再怎么学习，也很难提高成绩；而如果孩子“不好好学习，成绩也不好”，那么只要孩子好好学习了，成绩肯定就能提高。但是，以我的经验来看，想让不学习的孩子踏实下来开始学习，并不是一件容易事。

在这些不学习的孩子当中，有的孩子认为“我只要肯做就能行”，但这样的孩子往往真的做了，也不会成功。这些孩子正因为害怕面对失败，而逃避学习。即使有的孩子潜力很大，但如果不学习的话，这些潜力是永远也发挥不出来的。

对于“好好学习，可是成绩没提高的孩子”来说，只要他们再稍微改进学习方法，就能够发挥出自己的聪明才智了。虽然，他们一直努力但并没有达到理想的成绩，但是他们坚持不懈学习的态度是值得肯定的。

正如前文所述，对于努力学习的孩子来说，只要不断改进学习方法，了解掌握应试方法，学习成绩就会有突飞猛进的提高，以往的刻苦学习一定能得到回报。

在白领人群中，常常有人在遇到力所不及的工作时，只会埋头苦干，试图通过自身的努力而完成工作。这样的人有可能会因“业绩不好”而被公司辞退，实际上，他们才是公司最应该重视的员工。

每个人都努力工作，国家才能富强，我们需要培养更多努力工作的下一代。在孩子小时候，学校和家长就应该让他们了解，对一个人来说，努力上进是非常重要的品格，也是未来在社会上生存发展的保障。

考试其实是“信息战”

实际上，每次考试都是一场“信息战”。

考生选择参考书，是信息战的第一部分。书店里的教学参考书有上百种，只有充分了解自身水平和考试要求的考生，才能选到最适用的参考书，再将那本书的学习方法用一张纸进行概括，使自己的学习效率大大提高。

填报志愿学校也是信息战的一部分。家长要明白，收集了重点中学的信息并不见得就能用得上，不要幻想“要是孩子运气好就能上重点中学啦”，而应该实事求是地分析孩子和学校的情况。

因为，即使孩子上了重点中学，也不见得都能考上重点大学。成绩一般的孩子与其靠运气上了重点中学，倒不如脚踏实地地上普通中学的重点班，那样考取重点大学的可能性会更高。因此，家长要收集各个中学的信息，这样才能更有效地为孩子的中考和高考做好决策。

家长要收集第一志愿以外的学校的信息

家长都会收集孩子所报第一志愿的中学的信息，但也有很多家长只关注第一志愿，而完全不在意其他学校的情况。虽然让孩子努力学习，一门心思考上第一志愿的中学并没有错，但是家长不应该和孩子一样，只思考眼前的事情。

如果孩子能顺利考上第一志愿的中学自然是好事，但是也有可能第一志愿落榜，而进入第二志愿的学校。所以，家长要深思熟虑，考虑好发生这种情况的处理方法。

第一志愿一般是重点中学，而重点中学的数量是有限的，因此选择起来相对容易。第二志愿一般是较好的普通中学，其数量要比重点中学多。如果第一志愿、第二志愿都落榜了，而掉入第三志愿，那么可供选择的只有一般的普通中学，要在众多的一般性普通中学里选出一个出来，特别考验家长收集信息的能力。

志愿学校的选择关系到孩子的未来，所以，家长们不要只关注自己期望孩子上的重点中学，也要着眼于现实情况，多收集些信息。

有些家长可能认为，要是孩子第一志愿、第二志愿都落榜了，“就没希望考入重点大学了”，其实这样的想法是完全没必要的。因为总有考生能从普通中学考入重点大学，所以家长更有必要好好研究，多多收集相关信息，全面调查研究孩子考哪所大学更合适。

其实，无论孩子小升初进入的是第一志愿的学校，还是落入第二志愿的学校，家长和孩子都不必为学习过于紧张，还有六年时间呢，孩子取得进步的可能性很大，而这样的逆袭就要靠家长的信息收集能力和分析能力来实现了。

放长眼光，锚定目标

有的家长和孩子因为考试失败而深受打击，从此愁眉不展，一蹶不振。其实，根本不必如此消极悲观，对于已经结束的考试，完全不用在意。

从我自身的经历来说，我考上重点中学后一下就放松了，因此读初一时我的成绩一落千丈。考入重点中学的学生有很多都是这样，认为自己上了重点中学就可以高枕无忧了。其实，普通中学的学生要想在学习上赶超他们，是非常容易的。

因为小学和中学的学习内容，其实是没有连续性的，并不是一脉相承的，而初中和高中的教学内容则具有很强的连续性。

大家普遍认为初高中一贯制的中学比较好，正是因为初高中的教学内容具有连续性。在一贯制中学中，学校会进行教学内容的调整，往往在初中一年级的时候就冲刺式教完所有初一到初三的内容；再利用初二、初三和高一、高二学年一共 4 年的时间，让学生学完高中三年的全部课程；最后利用高三这一整年时间备战高考。为了达到更高的升学率和重点大学的录取率，一贯制学校调整了教学时间和内容。也正是因此，初高中一贯制学校和普通中学相比，在高考时更具优势，考上重点大学的学生也会更多。

但是，小学和中学的教学内容并不这样具有连续性，而很多孩子在上小学时并不能踏实学习，上中学后忽然醒悟，开始发奋读书。

对于英语学习来说，考上重点中学的学生和其他学生的起点其实都是一样的。只要孩子从初一开始努力学习英语，成绩就能超过那些上了重点中学但学习却松懈下来的学生。高考的英语考试对所有考生都是一视同仁的，并不会因为考生来自重点中学就加分，来自普通中学就减分。所以，高考的英语成绩其实从初一开始就可以决一胜负了。

对于数学学习来说，从小学到中学，教学内容完全改变了。

中学生要学习方程式，并利用方程式解答各种各样的应用题，而在小升初的试卷上是没有方程式的，所以，中学学生只有刻苦学习、反复练习，才能学会新知识，具备新能力，取得中考的成功。

另外，还有一个重要的时间段是小升初考试之后的假期。在孩子小学毕业到上初中之前有一个长假，对于考取了第一志愿中学的孩子，很多家长都会说："等你上中学之后就要开始坚持不断地学习了，所以现在趁着假期好好地玩玩吧。"所以，上初中前的这个假期，很多家长会特别放纵孩子，由着他们肆意玩耍，而这正是别人赶超的机会。

人一旦松了劲儿，再想鼓劲儿是很难的。所以，我们不如趁别人松劲儿的时候，一鼓作气赶超他们。对于没有考入第一志愿的中学的孩子，家长最好在这个长假里，让孩子抓紧时间好好学习。如果孩子能利用这个长假刻苦学习，那么这个假期的学习成果会对他们中学六年的学习有重要的影响。

虽然在达到最终目标之前，家长和孩子还有很多小目标要实现，也有可能遭遇挫折失败，我还是希望各位家长在培养孩子时，将眼光放得更长远一些，这样孩子才有可能在高考中考取理想的大学。